Gianfranco Ravasi
ÜBER DIE LIEBE

Gianfranco Ravasi

Über die
Liebe
**Biblische Weisheit
und menschliche Erfahrung**

VERLAG NEUE STADT
MÜNCHEN · ZÜRICH · WIEN

Aus der Reihe: Spiritualität

Titel der italienischen Originalausgabe:
Come io vi ho amati,
© 2004 – Centro editoriale dehoniano, Bologna

Übertragung ins Deutsche: Wolfgang Bader

2007, 1. Auflage
© Alle Rechte der deutschsprachigen Ausgabe bei
Verlag Neue Stadt, München
Umschlaggestaltung unter Verwendung eines Bildes von Hilde Reiser
Gestaltung und Satz: Neue-Stadt-Graphik
Druck: fgb - freiburger graphische betriebe, Freiburg i. Br.
ISBN 978-3-87996-722-3

Inhalt

Vorwort 9

I. GOTT OFFENBART SICH ALS LIEBE 13

Zum Einstieg: Gott und den Nächsten lieben 15

1. Drei „Epiphanien" der Liebe Gottes 18
Die universale „kosmische" Liebe Gottes 18
Die „geschichtliche" Liebe Gottes 21
Die erlösende Liebe: Jesus Christus 25

2. Bilder der göttlichen Liebe 29
Gott als Bräutigam 29
Gott als Vater und Mutter 30
Gott als Freund 32
Der eifersüchtige Gott 33

3. Mann und Frau: eine Ikone Gottes 35

Exkurs: Gottes Liebe und das Leid 36

Zusammenfassung 38

II. Die Liebe des Menschen 41

Grundsätzliche Überlegungen 44

1. Die Furcht 49
Furcht und Liebe 51
Furcht und Empörung 53
Furcht und Prüfungen 55

2. Der Eros 59
Eros und Körper 60
Eros und Kuss 62
Eros und Schönheit 64

3. Die Freundschaft 66
Freundschaft in der Bibel und im Leben der Kirche .. 68
Personale und soziale Dimension der Freundschaft .. 70
Die personale Dimension der Freundschaft 71
Die soziale Dimension der Freundschaft 74
Liebe zu den Feinden 76

4. Die Barmherzigkeit 80
Gott ist barmherzig 80
Mitleid in anderen Religionen 82
Philanthropie, Philadelphia, Philoxenia 84

5. Die Gerechtigkeit 89

6. Solidarität 93
Ein Herz und eine Seele 94
Individualität und Gemeinschaft 97
Achtung voreinander 98

III. DIE LIEBE ZU GOTT UND ZUM NÄCHSTEN . . . 103

Eine vollendete Liebe 108
Du sollst den Herrn, deinen Gott, lieben! 109
Das wichtigste Gebot 111
Liebe deinen Nächsten wie dich selbst! 116

Schlussgedanken 121

Vorwort

Die Liebe ist der Leitgedanke, das Grundwort dieses Buches. Ob als Lebenserfahrung oder als Denkkategorie, die Liebe ist ein oft missverstandenes und ambivalentes Thema; nicht selten hat es einen – manchmal auch religiösen – sentimentalen Beigeschmack. Über die Liebe wurde schon so viel gesagt, dass man kaum noch Neues erwartet. Dennoch: das Thema ist – auch in theologischer Hinsicht – unerschöpflich und vielversprechend, da es sich immer wieder neu in sehr unterschiedlichen Aspekten ausfaltet.

Der große Gelehrte Augustinus gibt uns den Einstieg für unseren Weg. In seinen Predigten über den ersten Johannesbrief (7,10) vergleicht er die Liebe mit dem Leib und seinen Gliedern: „Welche Form, welche Gestalt hat die Liebe? Welche Füße, welche Hände? Niemand kann es sagen. Dennoch hat sie Füße; denn sie sind es, die dich zur Kirche führen. Und Hände hat sie, sie strecken sich dem Armen entgegen. Und Augen hat sie, um mit ihnen den Bedürftigen wahrzunehmen. … Ohren hat sie, von denen der Herr sagt: ‚Wer Ohren hat zu hören, der höre' (Lk 8,8)."

Alle Erfahrungen des Menschen sind irgendwie mit der Liebe verknüpft. Das macht unser Thema so vielfältig, so schwer fassbar, in seiner theologischen, aber auch in seiner urmenschlichen Dimension.

In Gesprächen mit seinem Freund Gustav Janouch formulierte Franz Kafka: „Was ist Liebe? Das ist doch ganz einfach! Liebe ist alles, was unser Leben steigert, erweitert, bereichert. Nach allen Höhen und Tiefen. Die Liebe ist so unproblematisch wie ein Fahrzeug. Problematisch sind nur die Lenker, die Fahrgäste und die Straße."[1]

Der Begriff Liebe kann positiv oder negativ besetzt sein. Im Namen der Liebe kommt es auch zu Tragödien; was „Liebe" genannt wird, ist oft eine Entstellung, ein Zerrbild wirklicher Liebe.

Authentische Liebe tendiert von ihrem Wesen her zum Unendlichen, zum Ewigen; dies gilt auch für die echte menschliche Liebe, die Gott nicht ausdrücklich als Ursprung oder Adressat mit einbezieht. Wahre Liebe hat immer geöffnete Türen, sie wächst unaufhörlich, ist immer anders, je neu, regeneriert sich von Tag zu Tag in ihren Ausdrucksformen.

In seinem von Pessimismus und Nihilismus geprägten autobiographischen Werk *Reise ans Ende der Nacht*

---

[1] Gustav Janouch, Gespräche mit Kafka. Aufzeichnungen und Erinnerungen, Fischer Bücherei: Frankfurt a. M. und Hamburg 1961, 124.

schreibt der französische Schriftsteller Louis-Ferdinand Céline (1894–1961): „Die Liebe ist das Unendliche, das den Hunden zur Verfügung steht." Dieses provozierende Wort enthält einen Funken Wahrheit. Manchmal verhalten wir uns wirklich wie „Hunde", es gelingt uns, die Liebe, die uns erheben könnte, mit Füßen zu treten, sie zu demütigen, ja sie zu zerstückeln.

In dieser Abhandlung werden wir nicht den klassischen, den sogenannten diachronischen Weg einschlagen, das heißt, wir wollen nicht eine Art chronologische Anthologie von Schriftstellen aus dem Alten und dem Neuen Testament zusammenstellen, die von der Gottes- und der Nächstenliebe handeln. Ich möchte eine theologische, nicht nur eine exegetische Synthese vorstellen. Wir werden also nicht ausführlich auf das Vokabular eingehen, das die Bibel benutzt, wenn sie von der Liebe spricht. Nur ein kurzer Hinweis sei mir gestattet. In der hebräischen Bibel finden sich die Wörter *aheb* und *rachamîm*, welche die innere, mütterliche Liebe Gottes zur Menschheit bezeichnen, und wir finden das Wort *hesed*, die treue, zärtliche, leidenschaftliche Liebe. Dieses Wort ist schwer zu übersetzen, es drückt aus, was sich zwischen Liebenden oder Freunden ereignet, was ihre Beziehung ausmacht. Dieses Wort *hesed* wird auch benutzt, um den Bund Gottes mit seinem Volk zu umschreiben.

Im Neuen Testament ist das zentrale Wort die *agápe*, nicht das Wort *éros*, das in der griechischen Kultur seinen eigenen Bedeutungsgehalt hatte. Griechischer Einfluss ist auch zu spüren in den biblischen Begriffen *philía*, der Liebe unter Freunden, und in *éleos*, der zärtlichen, barmherzigen Zuwendung.

I.

Gott offenbart sich als Liebe

I. Gott offenbart sich als Liebe

ZUM EINSTIEG: GOTT UND DEN NÄCHSTEN LIEBEN

„Du sollst den Herrn, deinen Gott, lieben ..." und „Du sollst deinen Nächsten lieben wie dich selbst." Diese beiden bekannten Stellen aus den Büchern Deuteronomium und Levitikus bilden, so könnten wir das nennen, ein „Kreuz der Liebe". Die Liebe ist vertikal und horizontal. Sie steigt zu Gott, zum Unendlichen empor, und sie öffnet sich, sie umarmt den Horizont unserer Mitmenschen. Mit ihnen haben wir nicht nur die menschliche Natur gemein, sondern, wie das Christentum zeigt, viel mehr.

Im sechsten Kapitel des Buches Deuteronomium, im Anschluss an die berühmte Stelle, die *Schema* genannt wird („Höre, Israel!"), das tägliche Gebet eines Israeliten, heißt es:

„Du sollst den Herrn, deinen Gott,
lieben mit ganzem Herzen,
mit ganzer Seele (mit der Tiefe deines Wesens)
und mit ganzer Kraft."
(Dtn 6,5)

Jesus nimmt dieses Wort auf, verknüpft es mit Lev 19,18 und gibt ihm damit eine unerwartete Weite:

„Du sollst deinen Nächsten lieben wie dich selbst."
(Mt 22,39)

Die Verknüpfung der beiden Formen der Liebe, ihre Einheit macht Jesus zur Grundlage, an der alle anderen Gebote und Vorschriften „aufgehängt" sind (so die wörtliche Übersetzung). Die Liebe ist – darin besteht die Originalität Jesu – nicht ein Gebot, sondern die Grundhaltung, die radikale, uneingeschränkte Grundentscheidung des Menschen. Die Gebote verlangen konkret: dies und jenes lassen, dies und jenes tun.

Für Jesus ist die Liebe kein Gebot, sondern eine dauerhafte Einstellung: wie man nicht drei Stunden am Tag verliebt sein kann, wie eine Mutter nicht eine begrenzte Zeit Mutter ist, sondern Tag und Nacht. So heißt es im Hohenlied (5,2):

„Ich schlief, doch mein Herz war wach."

Kehren wir zurück zum Matthäustext (22,34-40):

„Als die Pharisäer hörten, dass Jesus die Sadduzäer zum Schweigen gebracht hatte, kamen sie (bei ihm) zusammen. Einer von ihnen, ein Gesetzeslehrer, wollte ihn auf die Probe stellen und fragte ihn: Meister, welches Gebot im Gesetz ist das wichtigste?"

Über diese Frage haben die Rabbiner oft diskutiert: Welche der 613 Vorschriften des Gesetzes ist die erste, die wichtigste? Jesus antwortete dem Gesetzeslehrer mit den Worten:

I. Gott offenbart sich als Liebe

„Du sollst den Herrn, deinen Gott, lieben mit ganzem Herzen, mit ganzer Seele und mit all deinen Gedanken. Das ist das wichtigste und erste Gebot. Ebenso wichtig ist das zweite: Du sollst deinen Nächsten lieben wie dich selbst. An diesen beiden Geboten hängt das ganze Gesetz samt den Propheten."

Auf dem Hintergrund einer Liebe mit dieser universalen Ausrichtung möchten wir auf den theologischen und den anthropologischen Aspekt der Liebe eingehen. Zunächst sprechen wir von der Liebe, die Gott zu uns hat. Dann wenden wir uns der menschlichen Liebe zu und fragen uns: Wie soll der Mensch Liebe üben und wie tut er es wirklich?

Zunächst gehen wir (etwas schematisch) auf drei göttliche „Epiphanien" ein, drei Weisen, wie Gott sich als Liebe zeigt. Denn wir verstehen die Liebe nicht so sehr aus Definitionen, sondern aus ihren Darstellungsformen.

Dann werden wir auf einige Bilder der göttlichen Liebe schauen, um in ihnen Antworten zu finden auf die Fragen: Zeigt sich Gottes Liebe in greifbarer Weise? Wo können wir ihr konkret begegnen?

1. Drei „Epiphanien" der Liebe Gottes

Im ersten Johannesbrief steht die berühmte Definition, die fast zum Kennmal des Christentums geworden ist: „Gott ist die Liebe" (1 Joh 4,8.16). Diese Aussage ist keine exklusive Offenbarung des Neuen Testaments, sie kann nicht als Synthese des Christentums angesehen werden. Auch im Alten Testament ist Gott nicht nur der gerechte, sondern auch der liebevolle Vater.

Dass Gott wirklich „Liebe ist", können wir an seinem Tun ablesen. Drei Beispiele möchte ich kurz vorstellen:
– die Schöpfung, die seine Prägung, sein Siegel, seine Unterschrift trägt;
– die wechselvolle Geschichte eines kleinen Volkes, das er zu einer großen Sendung beruft;
– Jesus Christus, der uns geschenkte Sohn, in dem uns die Liebe des Vaters zum Greifen nahe gekommen ist.

Die universale „kosmische" Liebe Gottes

Die erste Offenbarung der Liebe Gottes ist der Kosmos; Gottes Liebe spiegelt sich in der Schöpfung wieder. In Psalm 136 findet sich eine Art Glaubensbekenntnis des Volkes Israel. Wenn ein gläubiger Jude dieses große *Hallel* betete, begann er mit dem Lob der Schöpfung, mit der Unterscheidung von Himmel und

I. Gott offenbart sich als Liebe

Erde mit allem, was sich darin findet. Alles kommt aus Gottes *hesed*, das heißt, alles ist ein Akt der leidenschaftlichen, zärtlichen Liebe Gottes zu seinen Geschöpfen. Gott erschafft nicht, weil er muss; er bräuchte kein Gegenüber, denn er ist in sich selbst Fülle der Kommunikation und der *Communio*. Gott entscheidet sich aus freiem Entschluss für ein begrenztes, bedingtes Gegenüber, das anders ist als er selbst. Dieser Schöpfung schenkt er seine Liebe.

In Psalm 136 wird nach jedem Vers wiederholt: „denn seine Huld währt ewig":

„Der den Himmel geschaffen hat in Weisheit –
denn seine Huld währt ewig."

So geht es weiter für alle Elemente der Schöpfung. In Psalm 147,9 heißt es, dass Gott „den jungen Raben gibt, wonach sie schreien". Alles, was auf der Erde wächst und lebt, ist ein Zeichen, dass sich der Vater um seine Geschöpfe kümmert.

„Der Herr ist gütig zu allen,
sein Erbarmen (*rachamîn*)
waltet über all seinen Werken" (Ps 145,9).

In der Bergpredigt sagt Jesus:

„Der Vater im Himmel lässt seine Sonne aufgehen über Bösen und Guten, und er lässt regnen über Gerechte und Ungerechte" (Mt 5,45).

Die kosmische Liebe Gottes ist grenzenlos; sie kennt keine Einschränkung, ist ein freies Geschenk, das nicht „verdient" werden muss. Wäre sie nicht so, wäre diese Liebe nur Austausch von Gaben, sie wäre von Interessen geleitet, es ginge ihr also um Eigennutz, um Renditen, um Vorteile.

Im Buch der Weisheit, das nicht lange vor der Zeitenwende in Alexandria von einem Juden in griechischer Sprache verfasst wurde, heißt es:

„Du liebst alles, was ist,
und verabscheust nichts von allem,
was du gemacht hast;
denn hättest du etwas gehasst,
so hättest du es nicht geschaffen. ...
Du schonst alles, weil es dein Eigentum ist,
Herr, du Freund des Lebens."
(Weish 11,24-26)

Die gleiche Überzeugung lässt den Verfasser des Schöpfungsberichts bei jedem Schöpfungswerk anfügen: „Gott sah, dass es gut war" (Gen 1; das hebräische Wort bedeutet auch „schön"). Alles Geschaffene hat sein Gutes und Schönes.

Bei der Erschaffung des Menschen ist es anders. Der biblische Autor erzählt, dass der Schöpfer nicht nur Gutes und Schönes wahrnahm, sondern das Beste und

I. Gott offenbart sich als Liebe

Schönste. Gott sah: „Es war sehr gut" (im Hebräischen: *tôb me'ôd,* wunderschön). Der Mensch ist die Vollendung der Schöpfung.

Dazu zwei Worte von Bischöfen der frühen Kirche, Irenäus aus Lyon und Ambrosius aus Mailand. Irenäus sagte: Gott schuf den Menschen nicht, weil er ihn gebraucht hätte, sondern weil er jemand haben wollte, den er lieben konnte. Deshalb trägt der Mensch den Glanz der göttlichen Liebe in sich. Ambrosius meinte, Gott habe den Menschen erschaffen, damit er jemand habe, dem er verzeihen könne.

Die „geschichtliche" Liebe Gottes

Das Verzeihen ist gleichsam die zweite „Epiphanie" der göttlichen Liebe. Sie offenbart sich in der Geschichte der Menschheit, im Auf und Ab des auserwählten Volkes. Für diese geschichtliche Epiphanie Gottes gibt es viele Belege in der Bibel. Nur einige wenige, einige besonders aussagekräftige können hier erwähnt werden.

In Dtn 7,7f wird ein bedeutungsvolles Wort an Israel gerichtet:

„Nicht weil ihr zahlreicher als die anderen Völker wäret, hat euch der Herr ins Herz geschlossen und ausgewählt – ihr seid das kleinste unter allen Völkern –, sondern weil der Herr euch liebt."

Das Volk Israel war ein kleines, in der damaligen Welt unbedeutendes Volk. Die Zivilisationen von Babylonien, von Altägypten, von Griechenland waren weit höher entwickelt als das jüdische Volk von Hirten in einer abgelegenen, steinigen Gegend. Doch gerade an dieses Volk hat sich Gott gebunden, aus einem freien Entschluss seiner Liebe. Das ist der Grund, warum das oben erwähnte große *Hallel* (Ps 136) auch die einzelnen Taten der Liebe aufzählt, die Gott in der Geschichte Israels vollbracht hat, vom Exodus bis zur Landnahme.

Der Prophet Jeremia beschreibt den Herrn als einen, der von weit her kommend sich dem Volk nähert und ihm als erstes sagt:

„Mit ewiger Liebe habe ich dich geliebt,
darum habe ich dir so lange
die Treue (*hesed*) gehalten" (Jer 31,3).

Psalm 103 trägt in der Einheitsübersetzung den Titel „Ein Loblied auf den gütigen und verzeihenden Gott". Dieser Psalm ist wirklich ein Lied des Dankes für die väterliche Zartheit, mit welcher sich der Herr über die physische und moralische Zerbrechlichkeit des Menschen beugt und ihm seine Liebe, seine Güte, seine Hilfe und sein Verzeihen anbietet. Dieser Psalm vergleicht die Haltung Gottes mit einem Vater, der in seinem Kind immer das Schöne, Gute, Verdienstvolle sieht, selbst wenn es oft gefehlt hat: „Lobe den Herrn, meine Seele, und alles in mir seinen heiligen Namen! Lobe den Herrn, meine Seele, und vergiss nicht, was er dir Gutes getan hat." Nun folgen mehrere Partizipien, die Gottes Liebe umschreiben: der Verzeihende, der Heilende, der Rettende, der Krönende, der Sättigende ... Wie der Islam 99 „wunderschöne Namen" Allahs kennt, so finden wir in diesem Psalm „wunderschöne Namen" JHWHs, des Herrn.

„Er vergibt all deine Schuld,
heilt all deine Gebrechen,
rettet dein Leben vor dem Untergang,
krönt dich mit Huld und Erbarmen,
sättigt dich dein Leben lang mit seinen Gaben,
erneuert dir die Jugend wie einem Adler.
Der Herr vollbringt Taten des Heils,
verschafft Recht allen Bedrängten.
Mose hat er seine Wege kundgetan,
den Kindern Israels seine Werke.
Barmherzig und gnädig ist der Herr,
langmütig und reich an Güte.
Er wird nicht immer zürnen,
nicht ewig im Groll verharren.
Er handelt an uns nicht nach unseren Sünden
und vergilt uns nicht nach unserer Schuld.

So hoch der Himmel über der Erde ist,
so hoch ist seine Huld über denen, die ihn fürchten.
So weit der Aufgang entfernt ist vom Untergang,
so weit entfernt er die Schuld von uns.
Wie ein Vater sich seiner Kinder erbarmt,
so erbarmt sich der Herr über alle, die ihn fürchten.
Er weiß, was wir für Gebilde sind;
er denkt daran: Wir sind nur Staub.
Wie das Gras sind des Menschen Tage,
er blüht wie die Blume des Feldes."
(Ps 130,1-15)

Im Neuen Testament finden sich zwei wichtige Aussagen über die „geschichtliche" Liebe Gottes, über seine Liebe zur Menschheit. Im ersten Johannesbrief (4,19) heißt es:

„Wir wollen lieben, weil er uns zuerst geliebt hat."

Gott liebt uns als Erster. Daraus folgt, dass auch wir einander lieben sollen.

Paulus bringt im Römerbrief im Rhythmus eines Hymnus seine Gewissheit zum Ausdruck, dass Gottes „geschichtliche" Liebe, die in Christus Jesus ist, nicht ausgelöscht werden kann, weder durch äußere Einwirkung noch durch unsere Schuld. Seine Liebe kennt keine Grenzen und keine Hindernisse, nichts kann uns von ihr trennen:

I. Gott offenbart sich als Liebe

„Was kann uns scheiden von der Liebe Christi?
Bedrängnis oder Not oder Verfolgung,
Hunger oder Kälte,
Gefahr oder Schwert? ...
All das überwinden wir durch den,
der uns geliebt hat.
Denn ich bin gewiss:
Weder Tod noch Leben,
weder Engel noch Mächte,
weder Gegenwärtiges noch Zukünftiges,
weder Gewalten der Höhe oder Tiefe
noch irgendeine andere Kreatur
können uns scheiden von der Liebe Gottes,
die in Christus Jesus ist, unserem Herrn."
(Röm 8,35-39)

Die erlösende Liebe: Jesus Christus

Das letzte Zitat führt uns schon zur letzten „Epiphanie" der göttlichen Liebe, die wir „Christophanie" nennen können. Christus, der Sohn Gottes, der in die Welt gesandt wurde, ist das endgültige Zeichen der Liebe. In ihm können wir die grundlegende Erfahrung der Liebe machen.

Der heilige Ambrosius gebraucht eine knappe Formel, um Christus zu definieren: *Caritas Dei Verbum*; das Wort, der Logos Gottes, ist die Liebe Gottes, die inkarnierte Liebe Gottes. Bei diesen Worten fallen uns Aussagen aus dem Johannesevangelium und dem ersten Johannesbrief ein:

„Gott hat die Welt so sehr geliebt, dass er seinen einzigen Sohn hingab" (Joh 3,16).

„Die Liebe Gottes wurde unter uns dadurch offenbart, dass Gott seinen einzigen Sohn in die Welt gesandt hat, damit wir durch ihn leben" (1 Joh 4,9).

Auch der heilige Irenäus griff in seinen Schriften dieses grundlegende Thema des Neuen Testaments auf. Für ihn ist Christus die Darstellung und lebendige Präsenz der Liebe Gottes, des Vaters. Er schreibt: „Das Wort Gottes ist aus unendlicher Liebe zu uns geworden, was wir sind, damit wir werden, was er ist." Damit zeigt er ein typisches Element der Liebe auf: die Verwandlung. Liebe verwandelt den anderen, auch wenn sie nicht erwidert wird. Wer Liebe empfängt, wird von ihr „infiziert".

Jesus Christus kam in die Welt, damit seine Liebe uns hinzieht zu ihm. Am Anfang seiner programmatischen Rede in der Synagoge zu Nazaret (Lk 4,16-19; vgl. Jes 61,1f) betont Jesus, worin seine Sendung besteht: Armen eine frohe Botschaft zu bringen, Gefangene zu befreien, Leidenden, Unterdrückten beizustehen und ein Gnadenjahr des Herrn auszurufen. Alles Gesten der Lie-

I. Gott offenbart sich als Liebe

be. Die Wunder, die Jesus gewirkt hat, sind Ausdruck der rettenden Liebe, die vom Übel befreit.

Eine besondere Liebe hatte Jesus für die „Letzten", die Vergessenen, für die, die „weit weg" sind und seine Liebe abzuweisen scheinen. Das Neue Testament verwendet das griechische Wort *splanchnízesthai* (sich erbarmen), das von der Wortwurzel her die innige, mütterlich-zärtliche Liebe Gottes ausdrückt (ähnlich wie das hebräische *rachamîm*). Noch die letzten Stunden seines Lebens nutzt Jesus, um seine Liebe zu zeigen. Die Johannespassion beginnt mit den Worten:

> „Jesus wusste, dass seine Stunde gekommen war, um aus dieser Welt zum Vater hinüberzugehen. Da er die Seinen, die in der Welt waren, liebte, erwies er ihnen seine Liebe bis zur Vollendung" (Joh 13,1).

Die letzte Tat Jesu war eine Geste der Liebe. Lukas, den Dante in seinem Werk *Monarchia* den „Schriftsteller der Liebe, der Sanftmut, der Zärtlichkeit Christi" nannte, berichtet in seinem Evangelium, dass Jesus für die Soldaten, die ihn hinrichteten, den Vater um Verzeihung bat (vgl. Lk 23,34). Danach fügt Lukas die Szene mit dem reuigen Mitgekreuzigten an, zu dem Jesus sagte:

> „Amen, ich sage dir: Heute noch wirst du mit mir im Paradies sein" (Lk 23,43).

Paulus fasste in seinem Brief an die Galater (2,20) in wenigen Worten seine Lebenserfahrung zusammen:

> „Der Sohn Gottes hat mich geliebt
> und sich für mich hingegeben."

2. Bilder der göttlichen Liebe

Die Heilige Schrift spricht von Gott in verschiedenen Bildern und Worten der Liebe. Vereinfacht lassen sich vier Grundzüge, vier Grundlinien erkennen, die auf die Liebe bezogen sind und von ihr bestimmt werden.

Gott als Bräutigam

Im Alten Testament wird Gott sehr oft, vor allem seit Hosea im 8. Jh. vor Christus, in Bildern des Ehemanns, des Bräutigams dargestellt. Die eheliche Liebe in ihrer authentischen, umfassenden, ganzheitlichen, hingebungsvollen, reinen und integren Gestalt ist das beste Gleichnis, um von Gott zu sprechen. Pascal sagte: „Gibt es die Liebe, gibt es Gott." Denn die Ganzheit und Reinheit der Liebe weist über sich hinaus. Wer verliebt ist, ist bereit, sein Leben hinzugeben. Jesus sagte am letzten Abend seines Lebens:

„Es gibt keine größere Liebe, als wenn einer sein Leben gibt für seine Freunde" (Joh 15,13).

Lebenshingabe widerspricht dem Selbsterhaltungstrieb des Menschen, dennoch trifft man eine solche Entscheidung mit klarem Kopf und mit Freude, denn so drückt sich die Fülle der Liebe aus.

Neben Hosea 5, Ezechiel 16, Jesaja 54, Epheser 5 gibt es viele weitere Stellen der Bibel, welche die Liebe von Mann und Frau als Spiegelung und sichtbares Zeichen der Liebe Gottes zum Menschen und der Liebe Christi für seine Kirche darstellen. In einer theologisch ausgerichteten Relecture des Hohenlieds ist ein konkretes Paar, das die Liebe in all ihren Schattierungen und Farben, einschließlich der Erotik und der Leidenschaft erlebt, der Ausgangspunkt für eine tiefere und transzendente Sichtweise. Gott liebt nicht mit einer vagen geistlichen, sondern gleichsam mit einer „fleischlichen" Liebe. Daher kennt auch das mystische Erleben oft eine erotische Komponente. Man lese nur die Schriften eines Johannes vom Kreuz oder einer Teresa von Avila. Die „Entrückung der heiligen Teresa" von Bernini in Rom zeigt diese Erfahrung, die – auch physisch – die Dimension der Hingabe und der Ekstase beinhaltet.

Gott als Vater und Mutter

Ein anderer Aspekt der biblischen Gottesoffenbarung drückt sich im Bild des Vaters, der Mutter aus. Gerade Hosea, der selbst Vater war, stellt Gott als Vater dar, der sich über sein Kind beugt, das abweisend oder vielleicht verletzt ist (vgl. Hos 11,1-4). Der Vater nimmt es auf seine Arme, zieht es an sich, versucht, ihm zu essen zu geben ... – typische Verhaltensweisen eines Vaters gegenüber einem widerspenstigen Sohn.

Im gleichen Zeitraum wird Gott auch als Mutter beschrieben. Zum Beispiel in der berühmten Stelle von Jesaja:

„Zion sagt: Der Herr hat mich verlassen, Gott hat mich vergessen. Kann denn eine Mutter ihr Kindlein vergessen, eine Mutter ihren leiblichen Sohn? Und selbst, wenn die ihn vergessen würde: Ich vergesse dich nicht" (Jes 49,14f).

Manchmal vergessen wir, dass die Heilige Schrift auch in indirekter Weise von der Vater- und Mutterschaft Gottes spricht. Im Buch Exodus heißt es mehrmals, dass Gott sein Volk „erlöst". Der Ausdruck „Erlöser, Retter" hat bei uns womöglich einen eher kühl-distanzierten Klang. Doch das hebräische Wort für „Erlöser", *go'el*, steht für einen Vater, der seinen Sohn freikauft, der wegen Schulden, aus Armut oder wegen seiner Vergehen in die Sklaverei geraten ist. Der Vater will immer seinen Sohn retten. Im Buch Exodus heißt es, dass Israel, der „Erstgeborene" (Ex 4,22), zum Sklaven wurde, von Gott aber erlöst, gerettet wurde. Gott lässt dem Pharao ausrichten: „Israel ist mein erstgeborener Sohn", deshalb will ich ihn befreien.

Gott als Freund

Freundschaft ist eine der vielen Ausdrucksformen der Liebe. Ihre Tiefe und Schönheit wurde in allen antiken Kulturkreisen beschrieben, auch in der Bibel. Denken wir nur an die Freundschaft von Jonathan und David, die aus familiären und politischen Gründen eigentlich Feinde hätten sein müssen. Denken wir an Abraham, der mit Gott spricht wie mit einem Freund; in der jüdischen Tradition und im Koran gilt er als der „Freund Gottes". Noch heute heißt die so umkämpfte Stadt Hebron auf Arabisch *el-Khalil*, das heißt Freund, denn es war die Stadt Abrahams.

Auch Mose spricht mit Gott, wie man mit einem Freund spricht, von Angesicht zu Angesicht.

Im Neuen Testament wird Jesu Freundschaft mit Lazarus beschrieben. Und wie könnte man die „Freundschaften" vergessen, die Jesus mit Menschen geschlossen hat, die gewöhnlich keine Freunde haben. „Anständige Leute" aller Zeiten haben Anstoß daran genommen, dass Jesus mit Menschen verkehrte, die in schlechter Gesellschaft lebten; die sogenannten Klugen und Weisen bezeichneten ihn als *„Freund* der Zöllner und Sünder".

I. Gott offenbart sich als Liebe

Der eifersüchtige Gott

Das letzte, eigentümliche Bild der Liebe Gottes findet sich im Dekalog, in den Zehn Geboten: Er ist eifersüchtig. Das Wort „Eifersucht" gehört zur Sprache der Liebe, auch wenn es in unserem Empfinden eine ihrer krankhaften Formen bezeichnet; denn die Eifersucht, wie wir sie verstehen, kommt nicht aus dem Wesen der Liebe, aus der Hingabe, sondern einem Besitzen-Wollen. Dieses Streben kann zu schlimmen Reaktionen führen, bis hin zur Unterdrückung, ja sogar zur Tötung des geliebten Menschen, damit er ja nicht einer anderen Person gehören kann.

Die Bibel versteht unter Eifersucht etwas anderes: die Ausschließlichkeit der Liebe. Gott will nicht, dass der Geliebte sich unzufrieden von ihm abwendet. Man kann gegenüber einer derart anthropomorphen Ausdrucksweise Vorbehalte haben, doch man sollte nicht vergessen, worum es geht: um die leidenschaftliche Liebe eines Gottes, dem seine Geschöpfe nicht gleichgültig sind.

Im Dekalog, Ex 20,5f, steht:

„Du sollst dich nicht vor anderen Göttern niederwerfen und dich nicht verpflichten, ihnen zu dienen. Denn ich, der Herr, dein Gott, bin ein eifersüchtiger Gott. Bei denen, die mir Feind sind, verfolge ich die Schuld der Väter an den Söhnen, an der dritten und vierten

Generation; bei denen, die mich lieben und auf meine Gebote achten, erweise ich Tausenden meine Huld."

An dieser und vielen anderen Stellen des Alten Testaments vermischen sich die Ausdrücke der Liebe und die des Hasses, um die Eifersucht Gottes zu umschreiben.

3. Mann und Frau: eine Ikone Gottes

Israel darf keine Statue Gottes haben. Jedes Bild galt als Götzenbild, es ist etwas Lebloses, dem Todeskälte anhaftet. Und doch bleibt die Frage: Gibt es wirklich keine Darstellung Gottes?

Nach dem Neuen Testament ist Christus das vollkommene Bild Gottes, doch auch im Alten Testament findet sich ein Bild für den Gott der Liebe. Davon spricht Gen 1,27:

„Gott schuf den Menschen als sein Abbild; als Abbild Gottes schuf er ihn. Als Mann und Frau schuf er sie."

Dieser Vers ist so aufgebaut, dass man erkennt: Gott ist nicht männlich und nicht weiblich, wie zum Beispiel die Kanaanäer glaubten. Doch Gott kennt die Liebe von Mann und Frau, sie ist das Sinnbild jeder Liebe, auch der Freundschaft oder der mystischen Liebe. Das Menschenpaar ist daher das Bild, die Verkörperung der fruchtbaren, Leben zeugenden Liebe; die Liebe von Mann und Frau ist das klarste Bild des Gottes der Liebe. Daher erklären sich auch die Genealogien im Buch Genesis und in anderen Büchern der Bibel. Gott ist Schöpfer, seine Liebe ist fruchtbar.

Paulus und auch jüdische Traditionen heben im Gottesbild das Männliche hervor, doch in den ersten beiden Kapiteln des Buches Genesis ist das nicht so. Mann *und*

Frau als in Liebe vereintes Paar stellen die Schönheit und Fülle der göttlichen Liebe dar, sind ihre klarste Ausdrucksform. Es gibt also doch eine „Statue", die den verliebten Gott darstellt. Sie ist beständig vorhanden in der Geschichte, und zwar greifbar nah: Die Menschen sind Gottes Bild, wenn sie sich nach Kräften um die Liebe mühen, die ihnen geschenkt ist. Sie ist das lebendige und leuchtende Zeichen ihrer Gottebenbildlichkeit, der göttliche Funke ihres Daseins.

Exkurs: Gottes Liebe und das Leid

Auf das Problem des Leids gibt es viele Antwortversuche. Eine Deutung findet sich in einer eindringlichen Geschichte:

„Eines Nachts hatte ich einen Traum: Ich ging am Meer entlang mit meinem Herrn. Vor dem dunklen Nachthimmel erstrahlten, Streiflichtern gleich, Bilder aus meinem Leben. Und jedes Mal sah ich zwei Fußspuren im Sand, meine eigene und die meines Herrn. Als das letzte Bild an meinen Augen vorüber gezogen war, blickte ich zurück. Ich erschrak, als ich entdeckte, dass an vielen Stellen meines Lebensweges nur eine Spur zu sehen war. Und das waren gerade die schwersten Zeiten meines Lebens.

Besorgt fragte ich den Herrn: ‚Herr, als ich anfing, dir nachzufolgen, da hast du mir versprochen, auf allen

I. Gott offenbart sich als Liebe

Wegen bei mir zu sein. Aber jetzt entdecke ich, dass in den schwersten Zeiten meines Lebens nur eine Spur im Sand zu sehen ist. Warum hast du mich allein gelassen, als ich dich am meisten brauchte?'

Da antwortete er: ‚Mein liebes Kind, ich liebe dich und werde dich nie allein lassen, erst recht nicht in Nöten und Schwierigkeiten. Dort, wo du nur eine Spur gesehen hast, da habe ich dich getragen.'"[2]

Dieser Text zeigt uns menschliche Reaktionen auf das Leid, die auf Gottes Liebe hingerichtet sind. Darüber gäbe es viel zu sagen, doch hier müssen wir uns mit einer Andeutung begnügen. Der geschilderte „Traum" endet mit der Erkenntnis, dass auch schmerzliche Momente in gewisser Weise eine Gnade bedeuten können. Die geheimnisvolle Liebe Gottes kann auch in schwierigen Zeiten den Menschen tragen, wenn auch anders, als er sich das gewünscht oder erwartet hätte.

---

[2] Margaret Fishback Powers, Spuren im Sand, Brunnen: Gießen [8]1997, 5.

ZUSAMMENFASSUNG

Mit zwei Zeugnissen möchte ich dieses erste Kapitel abschließen. Das erste Zeugnis gibt uns Paulus in Röm 8,29. Mit großem Nachdruck macht er deutlich, dass wir Gottes Ebenbild sind durch seinen Sohn. Alle Menschen, alle, die an Christus glauben, sind ein Widerschein des Sohnes, der ein Widerschein der Liebe des Vaters ist. Gott hat die Menschen dazu bestimmt, „an Wesen und Gestalt (griech. *eikôn*, Ikone) seines Sohnes teilzuhaben, damit dieser der Erstgeborene von vielen Brüdern sei". Wir sind wie eine Familie, die zusammengehalten wird von der Liebe zum gemeinsamen Vater. Wie spricht diese Familie Gott an: Gott?, Herr?, König?, Allmächtiger?, Richter? Paulus gibt seine Antwort im Galaterbrief:

„Gott sandte den Geist seines Sohnes
(sein Innerstes, seinen Atem, sein Leben)
in unser Herz,
den Geist, der ruft:
Abba, Vater."
(Gal 4,6; vgl. Röm 8,15)

Das zweite Zeugnis greift zurück auf den Anfang unserer Überlegungen: Es gibt vielerlei Weisen, um über die Liebe und ihre Gefährdungen zu sprechen. Wenn die Liebe die Definition Gottes ist, wenn sie ewig, unendlich und

I. Gott offenbart sich als Liebe

zugleich uns gegeben ist, dann braucht es eine zurückhaltende Ernsthaftigkeit, um gut über die Liebe zu sprechen. Man beleidigt die Liebe nicht nur mit albernem, zweideutigem und vulgärem Gerede, sondern auch mit einem überbordenden religiösen Geschwätz, in dem sie zu einer Art Formel wird, mit der man jede Predigt zum Abschluss bringen kann. Ich glaube, wir sollten, wenn wir über die Liebe reden oder nachdenken, asketisch, klar und keusch sein. Bei Emily Dickinson, einer amerikanischen Dichterin des 19. Jahrhunderts, fand ich ein Wort, das zusammenfasst, was wir über die Liebe sagen müssten, nachdem wir so viel über sie gesprochen haben:

„Dass die Liebe alles ist,
ist alles, was wir von der Liebe wissen."

Vielleicht ist dies das einzige, was man über die Liebe sagen sollte.

II.

Die Liebe des Menschen

II. Die Liebe des Menschen

Nachdem wir über die berühmte Definition aus dem ersten Johannesbrief „Gott ist die Liebe", nachdem wir über „Epiphanien" und Bilder Gottes gesprochen haben, wenden wir uns nun dem Menschen zu, in dessen Leben die Liebe widerscheint. Genauer gesagt, wir gehen von der Theologie der Liebe zur Anthropologie der Liebe über. Wir haben die Liebe Gottes betrachtet und stellen uns nun die Frage, wie der Mensch die Liebe gestalten, aber auch verletzen und zerstören kann. Wir werden nicht näher auf psychologische Themen eingehen, sondern uns mit der theologischen und auch mit der ethischen Relevanz der Liebe beschäftigen; wir fragen nach ihrer Bedeutung für den Lebensalltag und das Glaubensleben.

Der Hintergrund unserer Überlegungen ist religiöser Art, das heißt, wir bewegen uns im Kontext des Glaubens. Die Liebe, um die es hier geht, hat ihren Ursprung in einem Glaubensakt; ihre Motivation sind nicht philanthropische oder philosophische Überlegungen, sondern die Antwort auf eine Einladung Gottes.

Grundsätzliche Überlegungen

Als Ausgangspunkt für die anthropologischen Überlegungen zur Liebe bietet sich eine alttestamentliche Stelle aus dem Buch Deuteronomium an (Dtn 15, besonders die Verse 4 und 7):

> „Eigentlich sollte es bei dir gar keine Armen geben ... Wenn bei dir ein Armer lebt, irgendeiner deiner Brüder in irgendeinem deiner Stadtbereiche in dem Land, das der Herr, dein Gott, dir gibt, dann sollst du nicht hartherzig sein und sollst deinem armen Bruder deine Hand nicht verschließen."

In diesen wenigen Zeilen wird das Bild einer idealen Gesellschaft skizziert, in der alle wie Geschwister sind, die ein offenes Herz füreinander haben. Es gibt keine Hartherzigkeit; der Bruder, die Schwester in Not erfahren vielmehr konkrete Hilfe. Eine solche Sicht könnte man utopisch nennen; auch das biblische Israel hat sie nie ganz verwirklicht. Daher haben die Propheten oft ihre Stimme erhoben, um die Ungerechtigkeiten der jüdischen Gemeinden anzuprangern.

Ein ähnlich utopisches, ideales Bild wird in der Apostelgeschichte (4,32-34) von der christlichen Gemeinde in Jerusalem gezeichnet:

II. Die Liebe des Menschen

„Keiner nannte etwas von dem, was er hatte, sein Eigentum, sondern sie hatten alles gemeinsam ... Es gab keinen unter ihnen, der Not litt."

In diesen Stellen geht es ausdrücklich um die „horizontale", um die anthropologische Dimension der Liebe. Auch dies ist aus theologischer Sicht nicht nur eine philanthropische oder philosophische Frage, sondern es steht immer auch in einem Bezug zu Gott.

Im ersten Johannesbrief, der – zusammen mit dem Johannesevangelium – unter allen Texten des Neuen Testaments das Thema *Liebe* am systematischsten entfaltet, stehen zwei grundlegende Texte, die deutlich machen, dass in einem theologischen Kontext die menschliche und göttliche Liebe stets miteinander verwoben sind:

„Wenn Gott uns so geliebt hat, müssen auch wir einander lieben. Niemand hat Gott je geschaut; wenn wir einander lieben, bleibt Gott in uns und seine Liebe ist in uns vollendet" (1 Joh 4,11f).

Und in 1 Joh 4,19f heißt es:

„Wir wollen lieben, weil Gott uns zuerst geliebt hat. Wenn jemand sagt: Ich liebe Gott!, aber seinen Bruder hasst, ist er ein Lügner."

Diese Verse machen deutlich, dass Gottes Liebe nicht über den Wolken schwebt, sondern ihren Widerhall, ihre konkrete Form, ihre – wenn man so sagen kann – Alltagsgestalt inmitten der Geschichte findet.

Auch der Dekalog steht „auf zwei Tafeln" geschrieben: Die ersten drei „vertikalen" Gebote finden sich auf der ersten Tafel, die sieben „horizontalen" Gebote auf der zweiten. Die Liebe zu Gott kann nicht anders, als ihren Ausdruck in den menschlichen Beziehungen zu finden.

Das Neue Testament definiert die Christen als die „von Gott Geliebten", deren Antwort im Lieben besteht. Im Vaterunser beten wir daher:

„Vergib uns unsere Schuld,
wie auch wir vergeben unseren Schuldigern."

Gottes Vergebung ist verknüpft mit der Vergebung, die wir einander gewähren.

Die Bibel versteht das Wesen der Liebe immer dialogisch. Zur Gabe Gottes gehört eine entsprechende Antwort des Menschen. In der Sprache der Theologen gesagt: Aus dem göttlichen Indikativ (Gott liebt uns) ergibt sich ein menschlicher Imperativ (... daher sollt auch ihr lieben!). So heißt es in Lk 6,36:

„Seid barmherzig (Imperativ),
wie es auch euer Vater ist" (Indikativ).

II. Die Liebe des Menschen

Von mittelalterlichen Theologen wurde die Liebe als die „Form" der Tugend definiert: *Amor est forma virtutum*. In der Übersetzung müssen wir berücksichtigen, dass der lateinische Ausdruck „forma" damals ein Fachbegriff war; wir könnten heute sagen: Die Liebe ist die Seele, das Wesen, die Grundstruktur, der goldene Faden, der innere Kern, die Wurzel, das, was alle Tugenden verbindet. Die Liebe ist wie der Atem eines tugendhaften Lebens, dasjenige, was das ganze christliche Leben beseelen soll.

In Spr 15,17 findet sich eine Überlegung, die zunächst fast banal anmutet, in sich aber tiefe Dimensionen birgt:

„Besser ein Gericht Gemüse und Liebe dabei,
als ein gemästeter Ochse und Hass dabei."

Besser eine bescheidene Mahlzeit, zu der jemand aus Liebe eingeladen wird von einem, der das Gemüse auf einem kargen Feld in Israel angebaut hat, als ein Staatsbankett mit Politikern, die miteinander streiten. Es ist die Liebe, die alles verändert.

Theologen des Mittelalters formulierten auch: *Ohne Liebe gibt es keine Tugenden.* Jede Tugend muss in sich die Kraft der Hingabe und der Zuwendung haben, wie sie der Liebe eigen ist – hin zum anderen und darüber hinaus zu *dem Anderen*, zum Unendlichen. Wenn die Liebe die „Form" aller Tugenden ist, sind die Tugenden das Sternbild, der Chor, eine Art Freundeskreis der Liebe.

Paulus benutzt ein ähnliches Bild, wenn er von der Liebe spricht, welche die Tugenden zusammenhält wie ein Band einzelne Blumen zu einem Strauß zusammenbindet; er schreibt den Kolossern:

> „Die Liebe ist das Band,
> das alles zusammenhält."
> (Kol 3,14, vgl. Eph 4,3)

Menschliche Liebe hat tausend Schattierungen, gibt der göttlichen Liebe tausend Gesichter, zeigt sich in den unzähligen Farben der verschiedenen Tugenden. Wir können daher nur auf einige wenige, genauer gesagt auf sechs Aspekte näher eingehen: Furcht, Eros, Freundschaft, Barmherzigkeit, Gerechtigkeit und Solidarität.

II. Die Liebe des Menschen

1. Die Furcht

Meist geht man davon aus, dass Furcht nicht zur Liebe passt. Dieser Gedanke findet sich auch im ersten Johannesbrief:

„Furcht gibt es in der Liebe nicht,
sondern die vollkommene Liebe
vertreibt die Furcht.
Denn die Furcht rechnet mit Strafe,
und wer sich fürchtet,
dessen Liebe ist nicht vollendet."
(1 Joh 4,18)

Dem stimmen wir sicher alle zu: Wer Angst vor dem anderen hat, liebt ihn nicht. Denken wir an einen Diktator, der nur „liebevolle" Worte hören will und den fanatischen Lobeshymnen auch noch Glauben schenkt. Derartige „Liebesbekundungen" sind zumeist unwahrhaftig; sie sollen dazu dienen, sich die Gunst des Mächtigen und Vorteile zu sichern, oder entspringen der Angst. Die Liebe hingegen ist in ihrem Wesen frei von Angst.

Es gibt aber auch eine Furcht, die zur Liebe gehört. Versuchen wir uns diesem Geheimnis zu nähern durch einige Beobachtungen und werfen wir einen Blick auf bestimmte Beziehungen, Situationen und Worte.

Beginnen wir mit dem Hohenlied der Liebe, der authentischen Liebe zwischen zwei Menschen, zwischen

Mann und Frau. Auch in diesem biblischen Text voller Liebe stoßen wir in den Kapiteln 3 und 5 auf dunkle Momente, in denen sich die Liebenden einander fern fühlen. Nicht nur, dass beide auf unterschiedlichen Wegen gehen, sondern er, sie oder beide sind schuld daran, dass ihre Verbindung getrübt wurde. Sie schläft, während er vor der Tür steht und anklopft. Sie steht nicht auf, sondern sagt:

> „Ich habe mein Kleid schon abgelegt –
> wie soll ich es wieder anziehen?
> Die Füße habe ich gewaschen –
> soll ich sie wieder beschmutzen?"
> (Hld 5,3)

In dieser kurzen Szene ist ein Wortgefecht festgehalten, eine „Widerspenstigkeit", wie sie unter Verlobten vorkommt. Im Hohenlied hat diese Spannung den Charakter der Furcht; man wird sich bewusst, dass Liebe sehr zerbrechlichen Gefäßen anvertraut ist. Doch gerade aus solchen Momenten der Prüfung und des Dunkels kann die Liebe gereift und lebendiger hervorgehen.

Der Mensch ist immer auch schwach, boshaft, begrenzt; er kann die Liebe verletzen. Das Hohelied zeigt uns, dass all das nicht nur negativ bewertet werden muss. Im Anschluss an die nächtliche Szene (Hld 5,2-6,3) wird geschildert, wie die Liebe durch diese Prüfung noch schöner erblüht. Die Angst, den Geliebten zu verlieren, hat die Frau dazu veranlasst, allein durch die Straßen der Stadt zu laufen; eine nächtliche Streife reißt ihr gar die Kleider vom Leib, weil man sie für eine Prostituierte hält. All das führt dazu, dass die beiden Liebenden tiefer zueinander finden, glücklicher, als sie vor der Prüfung waren.

Schwierigkeiten sind manchmal ein Schmelztiegel der Liebe. Eheleute kennen Krisen, die in der Nacht münden, und Krisen, die zum Sonnenaufgang führen. In unserer Szene ist die Liebe tiefer und stärker aus der Krise hervorgegangen.

So zeigt das Hohelied, dass die Furcht nicht notwendigerweise die Liebe auslöscht, sondern auch ein Impuls sein kann zu einer vollkommeneren und klareren Liebe. Die letzten Worte unserer nächtlichen Szene sind die große Liebeserklärung:

„Ich gehöre meinem Geliebten
und der Geliebte gehört mir."
(Hld 6,3; vgl. 2,16).

Furcht und Liebe

Auch ein vertiefter Durchgang durch das schon erwähnte Buch Deuteronomium würde zeigen, dass die Furcht nicht Beiwerk zur Liebe ist, sondern fest zu ihr gehört. In den Weisheitsbüchern findet man oft den Begriff „Gottesfurcht". In Ps 11,10 heißt es:

„Die Furcht des Herrn ist der Anfang der Weisheit."

„Furcht" meint hier nicht Angst, sondern Achtung, Anerkennung des anderen, des Herrn in seiner Transzendenz, in seiner Größe als Quelle des Lebens, in der Macht seines Tuns und Sprechens.

In Ps 119,161.167 stehen die Verben „lieben" und „fürchten" unvermittelt beieinander:

„Mein Herz fürchtet nur dein Wort ...
Meine Seele hält deine Gebote
und liebt sie von Herzen."

Vielleicht ist es eine Liebe, welche die Größe des Herrn gesehen hat und dadurch wie geblendet ist.

Die Bibel kennt auch gegenüber Menschen diese Liebe, die auf Verehrung und Achtung gründet; man begegnet dem anderen mit Hochachtung, weil man in ihm das Ebenbild Gottes erkennt.

Heute ist (auch in den Kirchen) oft von Liebe die Rede. Man sagt, dass sie das Leben würze, dass sie das Salz des christlichen Lebens sei. Doch gleichzeitig erleben wir, dass es an der Achtung voreinander fehlt; die Würde des

II. Die Liebe des Menschen

anderen wird nicht anerkannt, Beziehungen sind oberflächlich und von schlechten Vorbildern beeinflusst. Die gegenseitige Achtung, der Respekt voreinander haben heute einen schweren Stand, auch unter Christen.

Furcht und Empörung

Manchmal zeigt sich die Liebe auch als Entrüstung, als Empörung. Ungerechtigkeit kann die Liebe nicht ausstehen. Sie will alles unternehmen, damit dem Unrecht Einhalt geboten wird, sie ereifert sich immer leidenschaftlicher und äußert sich als Empörung. Oft ist sie zwar ohnmächtig, denn sie kann keine Gewalt anwenden. Aber sie hat den Mut, diejenigen beim Namen zu nennen, die andere ungerecht behandeln. Es ist eine Form der Liebe, die keine Rache übt, aber Unrecht aufdeckt.

Daher sind die Aussagen des Alten und des Neuen Testaments über die Empörung sehr wichtig. Zorn und Wut sind Laster, doch die Empörung kann zu den Tugenden gerechnet werden. Denn tugendhaft ist, wer sich entschieden auf die Seite des Guten und der Gerechtigkeit stellt; wer das tut, bringt authentische Liebe zum Ausdruck. Die Propheten waren darin große Lehrmeister.

Auf diesem Hintergrund können auch die sogenannten Klagepsalmen verstanden und ausgelegt werden. Das Zweite Vatikanische Konzil hat diese Psalmen aus der

Liturgie entfernt, da man den Gläubigen nicht Texte zumuten wollte, die auf den ersten Blick zumindest irritierend anmuten. Doch hinter der orientalischen Sprachgewalt mit ihren aufwallenden Gefühlen verbirgt sich eine oft unbeachtete Seite der Liebe.

Angesichts der Ungerechtigkeit in der Welt darf man nicht gleichgültig sein, man muss sie anprangern, selbst auf die Gefahr hin, angefeindet oder sogar bestraft zu werden. Die Bibel, die von Gott oft auf anthropomorphe Weise, mit Bildern aus dem menschlichen Leben spricht, kennt zum Beispiel den „Zorn Gottes". Das hebräische Wort *,af* ist lautmalerisch; spricht man es aus, klingt es wie „Dampf ablassen"; *,af* bedeutet auch Nase, die Nase rümpfen. Es ist ein Bild dafür, dass Gott entrüstet, entsetzt ist. Selbst der von Herzen demütige und sanftmütige Jesus klagte bisweilen sehr entschieden und heftig konkrete Ungerechtigkeiten an. Denken wir nur an die Drohworte gegen die Schriftgelehrten und Pharisäer, wie sie in Mt 23 überliefert sind.

Paulus spricht im ersten und vor allem im zweiten Korintherbrief klar und deutlich aus, wie empört er über das Verhalten einiger Leute in der Gemeinde ist. Johannes Chrysostomus machte darauf aufmerksam, dass sich auch darin die Liebe des Paulus zu den Korinthern verbirgt: Er hat sie gerügt und getadelt, weil sie undankbar waren und nicht auf seine Liebe geantwortet haben. Dennoch sicherte er ihnen zu, dass sie „in seinem Herzen wohnen" (vgl. 2 Kor 7,3; für Paulus ein Ausdruck besonderer Liebe), dass er ihnen „verbunden ist zum Leben und zum Sterben" (ebd.). Dass Paulus sich so entrüstete, hing mit seiner Liebe zu den Korinthern zusammen: Sie sollten ja nicht den Lastern verfallen, die er so deutlich gebrandmarkt hat.

Furcht und Prüfungen

Wir wollen den Begriff „Furcht" noch weiter ausführen, um deutlich zu machen, dass es in der Liebe viele Facetten, ja auch dunkle Seiten gibt, die gar nicht zu ihr zu passen scheinen. Dazu gehören auch die Prüfungen durch Gott.

In einigen biblischen Texten wird das Leid als eine „liebevolle Erziehungsmaßnahme" Gottes gedeutet. Das ist selbstverständlich keine erschöpfende Erklärung, die dem gewaltigen, unergründlichen Geheimnis des Leids gerecht würde, aber auch dieser Aspekt hat durchaus seine Bedeutung.

Dtn 8,5 stellt im Hinblick auf die Erfahrungen und Prüfungen des Volkes in der Wüste einen Vergleich an:

> „Daraus sollst du die Erkenntnis gewinnen, dass der Herr, dein Gott, dich erzieht wie ein Vater seinen Sohn erzieht."

Erziehung, Zurechtweisung tut weh, aber das gehört zur Liebe eines Vaters, einer Mutter. Dieser Aspekt kommt in der heutigen Erziehung vielleicht manchmal zu kurz, wenn Eltern alles durchgehen lassen, damit das Kind ja Ruhe gibt, oder wenn sie im anderen Extrem ständig überreagieren, sodass sich das Kind daran gewöhnt und abstumpft. Erziehungsmaßnahmen, die aus der Liebe kommen, werden auch wehtun, aber sie führen nicht zur Demütigung des anderen, sondern kommen aus der Achtung vor ihm.

In einem Kommentar zu der bekannten biblischen Erzählung von der Opferung des Isaak, der großen Prüfung seines Vaters Abraham (Gen 22), gebrauchte der gläubige Philosoph Sören Kierkegaard das Bild der Entwöhnung eines Säuglings. Gott verhalte sich gegenüber Abraham wie eine orientalische Mutter zu ihrem Kind. Um es zu entwöhnen, malt sie ihre Brust schwarz an, damit das Kind sie nicht wieder erkennt. Das Kind ist wütend auf die Mutter; denn sie nimmt ihm die Quelle seiner Nahrung, seine Freude und Ruhe. Dennoch, so der dänische Philosoph, liebt die Mutter gerade dann ihr Kind in besonderer Weise; denn sie hilft ihm, frei und unabhängig von ihr zu werden. Wo das nicht geschieht, werden Kinder nur schwerlich selbstbewusste, selbständige Persönlichkeiten; ohne die Mutter sind sie haltlos und manipulierbar durch Personen, die ihnen Sicherheit versprechen.

Das Thema „Prüfung als Form der Liebe" wird im Buch Ijob eingehend behandelt, insbesondere von dem vierten Freund namens Elihu, der gegen Ende des Buches auftritt. Doch wenn das Leid zu groß, wenn das Böse zu mächtig wird, dann wird der Mensch nicht aufgebaut, sondern gedemütigt und bricht zusammen. Gregor von Nazianz, ein bedeutender Kirchenvater des 4. Jahrhunderts, betont freilich, dass die Prüfung „mit Furcht und Liebe angenommen werden muss; denn sie ist keine Vergeltung, sondern Erziehung aus göttlicher Menschenliebe".

Im Buch der Sprichwörter heißt es:

„Mein Sohn, verachte nicht die Zucht des Herrn,
widersetz dich nicht, wenn er dich zurechtweist.
Wen der Herr liebt, den züchtigt er,
wie der Vater seinen Sohn, den er gern hat."
(Spr 3,11f)

Augustinus bringt in diesem Zusammenhang ein einprägsames Bild:

„Die Ärzte lieben die Kranken, nicht weil sie krank sind; sie wollen ja nicht, dass sie krank bleiben, sondern dass sie gesund werden. Der Arzt hasst seinen Feind, die Krankheit, aber er liebt den Menschen."

In diesen kurzen Sätzen wird ein Aspekt der Aufgabe des Erziehers beschrieben: Sein Vorgehen erscheint hart, doch er muss so handeln, wenn er „heilen" will. Das Bild der Prüfung ist also *ein* Ansatzpunkt, um über die Furcht als eine mögliche Form der Liebe nachzudenken.

2. Der Eros

In seiner ursprünglichen Wortbedeutung meint „Eros" Schönheit, Zärtlichkeit und Leidenschaft. Der Eros hat auch eine ästhetische Dimension, dazu gehören die Phantasie, die Bewunderung, das Staunen und das Entdecken des Wunders, das der andere ist. Der Eros, diese Schattierung der Liebe, wird in ihrer reinsten und schönsten Form im Hohenlied beschrieben.

Um die Liebe in ihrem Wesen zu bezeichnen, benutzt das Christentum den Begriff *Agape*, nicht *Eros*, also nicht den Begriff, der in der damaligen griechischen Kultur eine größere Verbreitung hatte. *Agape* war eher ungebräuchlich, die Liebe wurde damit fast nie bezeichnet.

Der schwedische Gelehrte Anders Nygren hat in den 30er Jahren ein zweibändiges Werk mit dem Titel *Eros und Agape* geschrieben. Darin versuchte er, die Unterschiede zwischen den beiden einander verwandten, aber nicht identischen Erfahrungen herauszuarbeiten. Einige Merkmale stellte er vergleichend nebeneinander: Der *Eros* besteht in der Sehnsucht, im Streben nach dem anderen; die *Agape* ist Opfer, Hingabe an den anderen. Der *Eros* ist Weg zu Gott, die *Agape* eher Weg Gottes zum Menschen. Der *Eros* will erobern, die *Agape* ist geschenkt. Der *Eros* ist ehrenvolle Selbstbehauptung, die Agape absichtslose Hingabe. Der *Eros* ist geprägt von der Schönheit der geliebten Person, die *Agape* gibt der geliebten Person Schönheit und Wert. Ein Verliebter entdeckt in der Geliebten eine Schönheit, die andere oft nicht erkennen können; er ist es, der ihr Schönheit verleiht. Das ermöglicht die *Agape*, während der *Eros* einfach feststellt, ob der andere mehr oder weniger schön ist, und ihn dann womöglich erobern will.

Eros und Körper

Wenn man über die Liebe spricht, muss man sich näher mit dem Thema *Eros* befassen. Oft sind wir mehr von einem griechischen als von einem biblischen Verständnis des *Eros* geprägt. Von den Christen, die im damaligen hellenistischen Raum lebten, haben die einen in einer Gegenreaktion den *Eros* gänzlich ausgeklammert, andere haben die Seele überbetont und so den Körper zumindest abgewertet. Beide Verhaltensweisen führten zu einem ähnlichen Ergebnis, der Geringachtung der körperlichen Liebe. Doch Leib und Eros gehören grundlegend zur Liebe dazu.

In den Kapiteln 4, 5 und 7 des Hohenliedes (aber nicht nur dort) findet man bildhafte Darstellungen der Frau in ihrer Schönheit (wie auf dem Gemälde „Frühling" von Botticelli) und in ihrer Leiblichkeit (wie auf den Werken von Rubens).

Die Schönheit des Körpers des anderen zu entdecken bedeutet, darin geistig-spirituelle Signale des Miteinanders zu erkennen. Das Sakrament der Ehe gründet auf

II. Die Liebe des Menschen

der körperlichen Vereinigung, welche die innere Verbundenheit des Denkens, des Fühlens und der Seele zum Ausdruck bringt.

Wir sprechen davon, dass wir einen Körper „haben", manchmal behandeln wir ihn auch als Gegenstand, über den wir verfügen, den wir verwöhnen oder vernachlässigen, der womöglich gar „vermarktet" wird ... Früher wurde er manchmal in einer übertriebenen und falschen Askese verachtet, heute wird er manchmal wie ein Götterbild verehrt.

Wir *haben* aber nicht nur einen Körper, wir „sind" auch unser Körper. Der Leib ist Mittel unserer Kommunikation, ja, er ist eine Sprache unserer Liebe, er gehört zu unserem Wesen.

Die Bibel kennt keine Scheu, die körperliche Liebe zu feiern oder Bilder zu verwenden, die auf den Körper Bezug nehmen. Im Buch der Sprichwörter zum Beispiel wird der Eros dargestellt mit preisenden Worten über die Frau, in die man als junger Mann verliebt war und die auch in späteren Jahren noch ihre Schönheit hat:

> „Trink Wasser aus deiner eigenen Zisterne [die weiblichen Bilder, die hier gebraucht werden, bezeichnen die Fruchtbarkeit], Wasser, das aus dem Brunnen quillt. Sollen deine Quellen auf die Straße fließen, auf die freien Plätze deine Bäche? Dir allein sollen sie gehören, kein Fremder soll sie mit dir teilen. Dein Brun-

nen sei gesegnet; freu dich der Frau deiner Jugendtage, der lieblichen Gazelle, der anmutigen Gämse! Ihre Liebkosung mache dich immerfort trunken, an ihrer Liebe berausch dich immer wieder!" (Spr 5,15-19).

Ein englischer Dichter des 17. Jahrhunderts, John Donne, beschrieb das gealterte Gesicht seiner Frau als Antlitz, in das der Herbst des Lebens, die schönste Jahreszeit, Einzug gehalten hat. Von den wunderbaren Farben dieses Herbstes war er fasziniert.

Eros und Kuss

Zum Eros, zur Liebe nicht nur unter Ehepartnern gehört der Kuss. Das Hohelied beginnt mit den Worten:

„Mit Küssen seines Mundes bedecke er mich."

Sicher, das Zeichen des Kusses ist geheimnisvoll, auch ambivalent. Denken wir nur an den Kuss des Judas, der in Wahrheit ein Verrat war. Man wird an Psalm 55 erinnert, an die Schilderung einer verratenen Freundschaft. In Vers 22 heißt es:

„Glatt wie Butter sind seine Reden,
doch in seinem Herzen sinnt er auf Streit;
seine Worte sind linder als Öl
und sind doch gezückte Schwerter."

II. Die Liebe des Menschen

Der Mund ist hier das Symbol für das Verratenwerden durch einen Freund, mit dem man zusammen in den Tempel ging, mit dem man alles geteilt hatte und der sich dann als treulos entpuppt.

Der Kuss, diese tiefe Ausdrucksform der Liebe, kann ins Gegenteil verkehrt werden und so den anderen Menschen verletzen und demütigen.

In der Theologiegeschichte wurde der Kuss verschiedentlich als Bild gebraucht. In einem Kommentar zu Psalm 118 schreibt Ambrosius:

„Mit einem Kuss verbinden sich die Verliebten, teilen miteinander den Geschmack der Gnade.
So verbindet sich die Seele mit dem göttlichen Wort, sie verwandelt in sich den Geist dessen, der sie küsst. So wie Menschen beim Küssen nicht nur die Lippen berühren, sondern ihren Atem miteinander teilen wollen."

Der Kuss ist nicht etwas bloß Äußerliches, sondern eine Geste, in welcher der eine dem anderen seinen Atem schenkt, ja er steht für die Liebe zu Gott.

In der jüdischen Tradition, in einem Kommentar zum Buch Deuteronomium (*Devarim Rabba'*) wird sogar der Tod im Bild des Kusses gedeutet. Es heißt in diesem Text, dass beim Tod des Mose seine Seele nicht aus dem Körper weichen wollte; denn ihre Freude, in einem solch reinen Körper zu weilen, war zu groß. Um die Seele davon zu überzeugen, zu ihm zu kommen und den Körper zu Staub werden zu lassen, kam Gott vom Himmel herab und gab Mose einen Kuss auf den Mund. So ging die Seele in Gott ein.

Der heilige Bernhard spricht über die Menschwerdung Gottes im Bild des Kusses: „Das Wort empfängt und gibt einen Kuss, als es Fleisch annimmt." Und er erläutert, dass der Kuss die Person des menschgewordenen Logos selbst ist: Christus ist der große Kuss, den Gott der Menschheit gibt, um sie zu retten.

Eros und Schönheit

Die Liebe als Eros hat eine ekstatische und eine ästhetische Dimension. Wer sich ganz auf einen anderen einlässt, entdeckt eine faszinierende und leuchtende Welt himmlischer Schönheit und Freude. Diese Erfahrung wurde – nicht nur in der Mystik – immer auch spirituell gedeutet. Im Mittelalter sprach man von der *via pulchritudinis*, dem Weg der Schönheit, als einem Weg, um zu Gott zu gelangen. Es ist der leuchtendste Weg zu ihm. Wo Schönheit ist, ist auch Gott, der die Schönheit selbst ist.

Der heilige Augustinus sagte in seinen Ansprachen zum ersten Johannesbrief:

II. Die Liebe des Menschen

„Unser Inneres, das durch Schuld und Sünde verunstaltet ist, wird schön durch die Liebe zu Gott. Welche andere Liebe könnte die liebende Seele schön werden lassen? Gott ist immer Schönheit, in ihm gibt es keine Entstellung oder Verunstaltung. Er, der immer schön ist, hat uns, als wir noch verunstaltet und entstellt waren, als erster geliebt, um uns zu helfen, schön zu werden.
Und auf welche Weise werden wir schön werden? Indem wir den lieben, der immer schön ist. In dem Maße, wie die Liebe in dir wächst, wächst auch deine Schönheit."

Augustinus spricht hier von der inneren Schönheit, aber sie zeigt sich auch nach außen; denn sie wirkt sich auf den Menschen in seiner Ganzheit aus.

3. Die Freundschaft

Nachdem wir über die Furcht und über den Eros gesprochen haben, wenden wir uns einer weiteren Form der Liebe zu, der Freundschaft. Darüber gäbe es sehr viel zu sagen; ich will zunächst auf den Aspekt verweisen, der vielleicht am schwierigsten zu verwirklichen ist: Zur Freundschaft gehört, dass man sich an der Freude des anderen freut. Wir haben schon erwähnt, dass die Liebe Ausdrucksformen annehmen kann, die auf den ersten Blick nicht als Liebe erscheinen. Dies gilt auch für die Liebe in der Gestalt der Freundschaft, wie Oscar Wilde in der ihm eigenen zugespitzten Weise aufzeigt: „Mit dem Leid eines Freundes können wir alle mitempfinden; doch es braucht ein großes, gutes Herz, damit man sich über die Freuden des anderen freuen kann." Zu einer tiefen Freundschaft gehört auch, dem Freund von Herzen zu gönnen, dass er Erfolg hat und gefeiert wird; dann dürfen wir nicht eifersüchtig oder neidisch werden und Kritik oder Verdächtigungen streuen.

Freundschaft ist ein weites Feld; fast alle Kulturen haben sich mit ihr beschäftigt, auch die griechisch-römische Antike. Denken wir etwa an Ciceros Werk *De amicitia*. Von dem griechischen Philosophen Epikur stammt das Wort:

„Von allen Gütern, welche die Weisheit
für ein glückliches Leben bereithält,
ist die Freundschaft das größte."

II. Die Liebe des Menschen

Literatur, Philosophie, Psychologie, Soziologie und Theologie haben sich mit dem Phänomen Freundschaft beschäftigt. Der amerikanische Philosoph Ralph Waldo Emerson (1803–1882) hat mehrere Werke über die Freundschaft geschrieben. In einem seiner Essays heißt es:

„Um einen Freund zu finden,
gibt es nur einen Weg:
ein Freund zu sein."

Freundschaft lebt von Gegenseitigkeit, doch diese hat ihren Ursprung in einer persönlichen Hingabe.

Die Liebe kann auch aus selbstloser Hingabe bestehen, ohne eine Reaktion, ohne Antwort eines anderen. Die Freundschaft nicht. Sie braucht als Grundlage den Dialog, wenn auch nicht in seiner verbalisierten Form. Emerson, der viele Beziehungen zu hochgestellten Persönlichkeiten seiner Zeit unterhielt, traf sich oft mit seinem Kollegen Thomas Carlyle oder mit dem englischen Dichter Samuel T. Coleridge. Oft saßen sie ganze Nachmittage oder Abende zusammen, wechselten nur am Anfang einige Worte und dann schwiegen sie miteinander. Am Ende ihres Beisammenseins bedankte sich Emerson für die schönen Stunden, für den Dialog des Schweigens. Einfach zusammensein war für sie eine Form der Kommunikation und des Verstehens.

Freundschaft in der Bibel und im Leben der Kirche

Auch in der Bibel finden sich Worte und Geschichten der Freundschaft. Jesus Sirach, ein Gelehrter des 2. Jahrhunderts vor Christus, verfasste ein ausführliches Loblied auf die Freundschaft. Auf der Grundlage von volkstümlichen Weisheitsworten und Sprichwörtern beschreibt er einige konkrete Aspekte der Freundschaft:

„Sanfte Rede erwirbt viele Freunde,
freundliche Lippen sind willkommen.
Viele seien es, die dich grüßen,
dein Vertrauter aber sei nur einer aus tausend.
Willst du einen Freund gewinnen,
gewinne ihn durch Erprobung,
schenk ihm nicht zu schnell dein Vertrauen.
Mancher ist Freund je nach der Zeit,
am Tag der Not hält er nicht stand. ...
Ein treuer Freund ist wie ein festes Zelt,
wer einen solchen findet, hat einen Schatz gefunden.
Für einen treuen Freund gibt es keinen Preis,
nichts wiegt seinen Wert auf.
Das Leben ist geborgen bei einem treuen Freund,
ihn findet, wer Gott fürchtet.
Wer den Herrn fürchtet, hält echte Freundschaft,
wie er selbst, so ist auch sein Freund."
(Sir 6,5-17)

II. Die Liebe des Menschen

In anderen Büchern der Heiligen Schrift werden auch persönliche Freundschaften beschrieben. Im ersten Buch Samuel heißt es über die Freundschaft von David und Jonatan:

„Jonatan schloss David in sein Herz und liebte ihn wie sein eigenes Leben" (1 Sam 18,1; vgl. Vers 3).

In den paulinischen Briefen erfahren wir von der Freundschaft des Völkerapostels mit einigen seiner Mitarbeiter: zum Beispiel mit Titus oder Philemon, aber auch mit der griechischen Gemeinde von Philippi, die Paulus besonders nahestand.

Aus der Kirchengeschichte kennen wir auch Freundschaften zwischen Männern und Frauen, wie zum Beispiel des heiligen Hieronymus mit Paula und ihrer Tochter Eustachia, wir denken an Franz und Klara von Assisi, an Abälard und Heloise (deren Freundschaft sich dann in Liebe verwandelte – mit den entsprechenden Auswirkungen), an die respektvolle Beziehung voller Zuneigung und Spontaneität zwischen Teresa von Avila und Johannes vom Kreuz, an Franz von Sales und Johanna von Chantal und – im vergangenen Jahrhundert – an Hans Urs von Balthasar und Adrienne von Speyr: Aus der Beziehung des großen, zum Kardinal ernannten Theologen mit der Ärztin und Mystikerin entstanden sogar einige Bücher.

Personale und soziale Dimension der Freundschaft

Die Freundschaft ist es wert, dass man viel über sie nachdenkt, doch vor allem verdient sie es, gepriesen zu werden. Sie gehört zum menschlichen Leben, gibt ihm Glanz und Würze, verschont uns davor, in den kalten Wogen der Einsamkeit unterzugehen. In dem schon genannten Werk schrieb Cicero: „Ursprung der Freundschaft ist die Tugend, denn diese Verbindung ist die beste und glücklichste Art und Weise, um gemeinsam auf das hohe Gut zuzugehen." Wahre Freundschaft ist also mehr als eine kollegiale Beziehung; sie besteht unter Verbündeten, die ein gemeinsames Ziel verfolgen; Freundschaft will das Gute, ja das höchste Gut.

Für Thomas von Aquin ist die Freundschaft nicht so sehr eine Tugend, sondern die Frucht eines tugendhaften Lebens. Auch er betont, dass freundschaftliche Beziehungen aus einem inneren Reichtum, aus einer spirituellen Grundlage entstehen: Freundschaft ist weder einfach eine Form des Zusammenseins noch eine Verbundenheit wie unter Kommilitonen oder Kollegen; Freundschaft hat tiefere Motive.

Betrachten wir die Freundschaft näher, zeigen sich zwei Dimensionen: zum einen die persönliche Beziehung zweier Menschen, zum anderen ihr Eingebundensein in ein größeres soziales Beziehungsgeflecht. Eine Freundschaft ist einerseits eine Art geschützter Oase, zu der nicht jeder Zutritt hat; andererseits gibt es in ihr viele Kontakte nach außen. Freundschaftliche Beziehungen öffnen sich spontan für andere.

Die personale Dimension der Freundschaft

Freundschaftliche Liebe braucht in mancher Hinsicht eine Ausschließlichkeit: *Nur wir zwei!* Der gelehrte griechische Philosoph Plutarch aus dem ersten nachchristlichen Jahrhundert schrieb in seinem Werk *Moralia*:

„Die Freundschaft freut sich am Miteinander,
nicht an der Menge.
Wenn sich ein Fluss in viele Arme aufteilt,
verliert er seine Kraft und versickert.
So ist es mit der Freundschaft:
Je mehr sie sich aufteilt, desto schwächer wird sie."

Freundschaft ist eine Kunst, die viel Übung erfordert, die Kraft kostet und nicht ausufern darf. Freundschaft ist eine tiefe innere Verbundenheit, die nicht mit vielen möglich ist. Mit vielen Menschen kann man freundschaftlich nur in einem weiten Sinn verkehren, tiefe Freundschaft kann man nur mit wenigen haben.

Der heiligen Augustinus, der seine inneren Empfindungen klar erkennen und formulieren konnte, schrieb im 4. Buch seiner Bekenntnisse:

„Ich verstand, dass ich und er eine Seele in zwei Körpern waren, so sehr, dass ich vor dem Leben erschauderte; denn ich wollte [nach seinem Tod] nicht als eine Hälfte leben."

Für solche Freundschaften gibt es viele großartige Beispiele. Der heilige Ambrosius schreibt über seine Freundschaft mit seinen leiblichen Geschwistern Satirus und Marcellina, dass sie nicht allein auf der Blutsverwandtschaft gründet, sondern auch auf einer tiefen inneren Komponente.

Ein besonders feinfühliger Zeuge für eine freundschaftliche Beziehung ist der heilige Bernhard. In der großen Weite seines Herzens fühlte er sich verbunden mit der Gräfin Ermengard von der Bretagne. Im Brief 117a schrieb er ihr:

„Mein Herz ist von Freude erfüllt, wenn es weiß, dass Ihr Herz voll Friede ist. Ihre Zufriedenheit schenkt mir Zufriedenheit. Geht es Ihnen gut, fühle ich mich gesund."

Bernhard möchte Ermengard immer wieder sehen, mit ihr sprechen; denn so wächst freundschaftliche Beziehung.

Solche Beziehungen von Ordensleuten wurden oft verurteilt, schlecht geredet. In der Geschichte des Christentums wurde häufig darauf hingewiesen, dass man sich vor

II. Die Liebe des Menschen

Gefahren hüten müsse. Basilius der Große zum Beispiel warnte in seinen Mönchsregeln sehr entschieden vor solchen „besonderen Freundschaften". Wenn sich Freunde abkapseln, können Beziehungen auch ungesunde Formen annehmen; geschlossene Grüppchen oder gar richtige Fraktionen tun einer Gemeinschaft nicht gut.

Dennoch möchte ich darauf hinweisen, dass in geistlichen Gemeinschaften auch starke und große Persönlichkeiten sich nach Freundschaft sehnten und sehnen. Wenn sie diese finden, pflegen und dabei darauf achten, dass ihre Aufgabe nicht darunter leidet, kann das eine positive, eine stärkende Komponente ihres Lebens und der Gemeinschaft sein.

In einem berühmten mittelalterlichen Text wird die geistliche Freundschaft als Heilmittel gegen die Einsamkeit beschrieben. Diese mag als ehrenhaft angesehen werden, doch sie kann auch zum Stolz verleiten. In seinem Buch „Über die geistliche Freundschaft", in dem er mehr psychologische als theologische Überlegungen anstellt, schreibt Aelred von Rielvaux:

„In einer vollkommenen Freundschaft
wird der Mensch durch den Freund
zum Freund des Gottmenschen."

Die geistliche Freundschaft ist für Aelred die erste Stufe auf dem Weg der Gottesliebe. Wenn im Freund ein Abbild Christi gesehen wird, bereichert eine geistliche Freundschaft nicht nur das innere Leben, sondern ist eine heilsame und verwandelnde Gnadengabe. Eine solche Freundschaft ist nicht nur Trost, Stütze und Heilkraft gegen die Einsamkeit, sondern eine echte mystische Erfahrung.

Petrus Damian, eine weitere große Persönlichkeit des Mittelalters, schreibt an einen Freund:

> „Schaue ich in dein Gesicht, dann erhebe ich meine Augen zu dem, zu dem ich zusammen mit dir gelangen möchte."

Freunde schauen sich nicht nur gegenseitig an, kapseln sich nicht ab, sondern möchten gemeinsam auf Gott zugehen.

Die soziale Dimension der Freundschaft

Freundschaft hat, wie wir schon erwähnt haben, eine soziale Dimension. Freundschaft ist auch eine Form des Zeugnisses, das Glauben weckt.

Das Zweite Vatikanische Konzil schreibt im Blick auf die Priester, dass die Glaubensverkündigung von einer Haltung der Freundschaft getragen sein soll. Damit die kirchliche Gemeinschaft nicht kühl sei, sagt das Konzil,

II. Die Liebe des Menschen

soll sie in ihrem Inneren freundschaftliche Beziehungen pflegen. Zölibatär und jungfräulich lebende Menschen sollen durch freundschaftliche Beziehungen gestützt werden, damit es nicht zu eng- und hartherzigen Haltungen kommt. Und wenn sich doch solche Haltungen einstellen, soll man ihnen durch gute Freundschaften entgegenwirken. All das gilt sicher nicht nur für Priester, sondern für alle Christen.

Die kirchlichen Gruppierungen und Bewegungen, die nach dem Konzil in Mode gekommen sind, haben auch dadurch an Ansehen und Bedeutung gewonnen, dass ihre Mitglieder einen freundschaftlichen Zusammenhalt untereinander haben. Sicher gibt es da immer auch Gefahren; eine solch kostbare Gabe in den Händen von Menschen ist immer auch gefährdet und von Risiken begleitet. Die Gefahr besteht vor allem darin, dass man sich abkapselt und integralistische Züge annimmt, das heißt, dass man so sehr auf die eigene Gemeinschaft fixiert ist, dass alles, was „von außen" kommt und fremd ist, als Gefährdung betrachtet wird. Man sagt sich: Wir sind untereinander Freunde, wir sind die Besten, nur wir verstehen uns richtig, die anderen können uns gar nicht verstehen. So verblasst alles andere, man steht dem Außen feindlich oder zumindest indifferent gegenüber.

In der *Nachfolge Christi* steht die hilfreiche Mahnung:

„Lass nicht zu, dass das Herz eines anderen ganz von dir erfüllt ist, und auch nicht, dass dein Herz von jemand ganz besetzt ist, sondern bemühe dich, dass in dir und im anderen Christus, der Herr, ist."

Freundschaft gründet auf dem Bewusstsein, dass die Liebe sich öffnen und in Kirche und Welt Christus bezeugen muss. Dafür ist die Wärme der Freundschaft ein guter Weg – gerade in unserer Zeit, die von vielen Konflikten, Spannungen und Gewalttätigkeiten geprägt ist.

Liebe zu den Feinden

Wenn wir im Sinne der Bibel über die Freundschaft sprechen, dann müssen wir auch ein besonders heikles Thema ansprechen. Es geht um die bedeutungsvolle, die hohe, edle Aufgabe der Freundschaft im gesellschaftlichen und sozialen Leben.

Der deutsche Philosoph und Jurist Carl Schmitt (1888–1985) schrieb 1922 ein Werk mit dem Titel *Politische Theologie*. Darin stellt er die These auf, Politik gründe sich auf einem Freund-Feind-Gegensatz. Die Grundstruktur der Politik, so Schmitt, sei immer eine Beziehung zu einem Freund oder einem Feind. Diese antithetische Struktur finde sich in allen Dimensionen des menschlichen Lebens. In der Moral gehe es beispielsweise um die Beziehung gut-böse; in der Ästhetik um das Verhältnis schön-hässlich. Schmitt verweist auch auf ein Wort Jesu, das sich in der Bergpredigt (Mt 5,44) und in der Feldrede (Lk 6,27) findet: „Liebt eure Feinde!" Nach Schmitt tangiert diese Stelle die Grundlagen der Politik, in der es doch gelte, die Freunde zu lieben und den Gegner zu hassen. Sonst gebe es kein effektives politisches Geschäft. Doch, so schreibt er, Jesus habe nicht die Bedeutung der Opposition aufgehoben, denn im Griechischen sei von *echthrós* die Rede, einem persönlichen Feind, mit dem es zu einem privaten Zerwürfnis gekommen sei. Jesus würde also nur wollen, dass man seinen persönlichen Feind liebt, dass man die zwischenmenschliche Spirale des Hasses und der Vergeltung durchbrechen müsse. Das griechische Wort für den „öffentlichen" Feind, so Schmitt, heiße *polémios*.

Schmitt zog aus diesen – wie wir sehen: unhaltbaren – Thesen den Schluss, dass kriegerische Auseinandersetzungen nicht nur ethisch, sondern auch aus dem Evangelium heraus gerechtfertigt seien. Christus würde nur fordern, dass wir unsere persönlichen Streitereien überwinden; auf gesellschaftlich-politischer Ebene hingegen wäre der Freund-Feind-Gegensatz ein notwendiges Faktum.

Vieles lässt sich gegen diese Theorie geltend machen; ich möchte nur zwei Gegenargumente anführen:

1. Die Unterscheidung zwischen den griechischen Begriffen *echthrós* und *polémios* gab es im Sprachgebrauch zur Zeit Jesu nicht mehr; das damalige Griechisch war nicht so präzise wie das klassische. Die Evangelien kennen diese Unterscheidung nicht.

2. Schmitt übersieht, dass Jesus in seinen radikalen Aussagen der Bergpredigt keine subtilen Unterscheidungen vornimmt. Es geht ihm gerade nicht um die Frage: Wie weit, bis zu welchem Punkt muss ich gehen? Zu Beginn seiner Rede sagt Jesus, dass der Jünger vollkommen sein soll wie der Vater im Himmel, der *allen* seine Vergebung anbietet. Er ist ein Appell, die Liebe in ihrer radikalen Form zu praktizieren, bedingungslos und unterschiedslos.

Es gibt Christen, die sich in der Politik und im gesellschaftlichen Leben nach den Grundsätzen von Schmitt verhalten, doch als Jünger und Jüngerinnen Jesu stehen sie eigentlich unter einem radikal anderen Gesetz, das sie auch in der Gesellschaft zum Tragen bringen sollen. Ein Christ erkennt seine Grenzen und seine Trägheit, er weiß um die Unvollkommenheit der Gesellschaft, aber er muss immer nach dem Höheren streben, und das besteht nicht in irgendwelchen Differenzierungen und Abgrenzungen, sondern in der Größe und Weite der ungeteilten Liebe.

Die Bestätigung dafür findet sich in den Worten Jesu, die sich an seine Einladung zur Feindesliebe anschließen:

> „… damit ihr Söhne eures Vaters im Himmel werdet; denn er lässt seine Sonne aufgehen über Bösen und Guten, und er lässt regnen über Gerechte und Ungerechte" (Mt 5,45).

II. Die Liebe des Menschen

Was Jesus hier vor Augen stellt, können wir – im eigentlichen Sinn des Wortes – eine Utopie nennen. Es geht ihm um das Ganze, um die Vollkommenheit, nicht um ein Sich-Begnügen mit dem Unvollkommenen, mit dem, was vermeintlich „realistisch" ist.

Gewiss, die Kirche oder einzelne Staaten haben sich oft genug nach der „Logik" Schmitts verhalten; es wird wohl auch immer wieder so sein. Dennoch gilt für das Christentum, dass es in der Gesellschaft wie ein Same ist, der überkommene Gewohnheiten, geschichtliche Entwicklungen und den *Status quo* in der politischen Wirklichkeit aufbrechen kann.

Kehren wir noch einmal zurück zu der kostbaren Gabe der Freundschaft. Wir müssen sie immer neu finden und entdecken. Es stimmt, dass man ein Freund sein muss, um Freunde finden zu können. Doch es gibt auch Menschen, die ohne eigenes Verschulden einsam sind. Sie haben in ihrem Leben nie jemand gefunden, der sich für sie interessiert. Niemand ruft sie an, niemand zeigt ihnen, dass er an sie denkt und mit ihnen sprechen möchte. Keine Freunde, Freundinnen zu haben macht das Leben arm, auch das innere Leben. Freundschaft ist eine Gabe, um die wir bitten können, und wenn wir sie erhalten, sollen wir sie pflegen. Sie ist uns anvertraut als ein Gut, das leicht verletzt und verwundet werden kann.

4. Die Barmherzigkeit

Wo Freundschaft ist, kommt es zu zwei Haltungen: Das Herz macht sich klein, bis es den anderen erreicht; und das Herz wird groß in der Hingabe an andere.

In allen Kulturen und Sprachen weiß man, dass zur Liebe sehr unterschiedliche Gefühle gehören wie Zärtlichkeit, Wohlwollen und andere. Im Begriff der „Barmherzigkeit" steckt das Wort „Herz"; es handelt sich um das emotionale Teilnehmen am Leben des anderen, um eine spontane Solidarität. Wir könnten dazu auch „Mitleid" sagen; doch dieser Begriff muss in seiner tiefen Bedeutung verstanden werden: mit jemand leiden, seinen Schmerz teilen. Das griechische Wort, das dem am nächsten kommt, ist *eleemosýne*, von dem sich unser Wort „Almosen" herleitet. Darauf haben wir manchmal die Barmherzigkeit reduziert: auf eine kleine Gabe, die man jemand gibt – und dann geht das Leben ungestört weiter. Doch Barmherzigkeit ist etwas anderes: ein echtes Zeichen der Großzügigkeit.

Gott ist barmherzig

Im Alten wie im Neuen Testament gibt es zwei bedeutsame Begriffe, die das Wesen Gottes aussagen: das hebräische *rachamîm*, der Mutterschoß, und das griechische

II. Die Liebe des Menschen

éleos. *Rachamîm* als Eigenschaft Gottes meint: Barmherzigkeit aus der Tiefe des eigenen Seins; ganze, ungeteilte Liebe, frei vom Auf und Ab des Lebens, von den Grenzen und Mühen des Alltags, von persönlichen und gesellschaftlichen Situationen. Es geht um eine Haltung der Zärtlichkeit, der Leidenschaft, der Feinheit, der Milde, um all das, was die Liebe zum Leuchten bringt. Mit dem griechischen Verb *splanchnizesthai* wird in den Evangelien öfter ausgedrückt, was in Jesus vorging, wenn er Kranken begegnete: Er wurde in seinem Innersten, wörtlich: in seinen „Eingeweiden" ergriffen von Mitleid, von diesem tiefen Empfinden, das wir bei einem schwer kranken Kind haben.

Der andere griechische Begriff, der Gottes Barmherzigkeit ausdrückt, ist *éleos*. In Eph 2,4 schreibt Paulus von „Gott, der *voll Erbarmen* (*éleos*) ist". *Dives in misericordia*, die lateinische Übersetzung, wurde zum Titel einer Enzyklika von Papst Johannes Paul II. (1980) über das göttliche Erbarmen, über die göttliche Liebe.

Zu Beginn des zweiten Korintherbriefs benutzt Paulus ein anderes Synonym für Barmherzigkeit, um zum Ausdruck zu bringen, was Gott für uns empfindet. Er schreibt:

„Gepriesen sei der Gott und Vater Jesu Christi, unseres Herrn, der Vater des Erbarmens und der Gott allen Trostes. Er tröstet uns in all unserer Not, damit auch wir die Kraft haben, alle zu trösten, die in Not sind, durch den Trost, mit dem auch wir von Gott getröstet werden" (2 Kor 1,3f).

Das wiederholt benutzte Wort „Trost" bedeutet Halt, Stütze, sich nicht verlassen fühlen, sich umgeben wissen von der Zuwendung Gottes. Wer dies erfährt, wird zu einer Quelle der Zuneigung und des Trostes für andere.

Mitleid in anderen Religionen

Nachdem wir über das hebräische und griechische Wort für Mitleid, Barmherzigkeit gesprochen haben, wollen wir kurz entsprechende Begriffe in den Blick nehmen, die in anderen Religionen gebräuchlich sind. Denn jede Religion weiß um die Notwendigkeit des Mitleids.

Im Mahajana-Buddhismus heißt eine wichtige Tugend *maitri*: Wohlwollen, *compassion*, Barmherzigkeit. Ein heiliger Text des Buddhismus sagt dazu:

> „Nichts ist mächtiger als *maitri*; Hass hat noch nie Hass ausgelöscht. Es ist die *maitri*, die den Hass auslöscht. Das ist ein ewiges Gesetz. Der Hass hat mich gefangen genommen, geschlagen, mir alles genommen und mich besiegt. Wer in sich diesen Gedanken verschließt, in dem kommt der Geist des Hasses auf, denn

II. Die Liebe des Menschen

in der Welt hat die Feindschaft noch nie die Feindschaft vertrieben. Allein die *maitri* kann den Hass verscheuchen. Das ist ein ewiges Gesetz."

Ähnlich wie das Christentum rät der Buddhismus, auf erlittenes Unrecht nicht mit neuem Unrecht zu reagieren; denn sonst würden Zwietracht und Hass nur noch größer. Es ist die Barmherzigkeit, die diesen Teufelskreis durchbricht.

Im Hinduismus heißt diese Tugend *karuna*. In Texten der hinduistischen Tradition wird das Mitleid ähnlich beschrieben wie im Christentum.

Auch in den Quellen des Islam spielt die Haltung der Barmherzigkeit eine große Rolle. Jeder Muslim muss sie lebendig halten. Das entsprechende arabische Wort heißt *zakat*, es gehört zu den fünf Säulen des Islam. *Zakat* bedeutet wörtlich „Reinheit"; damit ist keine rituelle oder äußerliche Reinheit gemeint, sondern ein grundlegender Sinn für die Reinheit des Herzens. Rein ist der Mensch, der Liebe übt, der sich freihält von weltlichem Reichtum und unguter Ehre, von Egoismus und Hochmut. *Zakat* bedeutet für die Muslime heute, den Armen beistehen, für die Notleidenden sorgen. Im Koran heißt es:

„Für die, die im Verborgenen und öffentlich spenden, was der Herr ihnen beschert, ist der Lohn der [himmlischen] Wohnung" (13:22).

Daher soll man „aus Liebe zu Ihm den Armen, den Waisen und den Gefangenen speisen" (76:8).

An anderer Stelle fordert das Heilige Buch des Islam dazu auf, einen bestimmten Teil des eigenen Besitzes dem Bittenden und Armen zu geben (vgl. 70:24f).

Im Neuen Testament erfahren wir auch etwas über die konkrete Form des Almosengebens. Paulus schätzte sehr diese Art der Barmherzigkeit. Die Sammlung in den reichen Gemeinden für die arme Kirche in Jerusalem war für Paulus nicht nur ein Zeichen der Solidarität, sondern eine Aktion mit einer tiefen geistlichen Dimension (vgl. 2 Kor 8-9). Auch in anderen Paulusbriefen wird diese Kollekte mit Begriffen beschrieben, die aus der Liturgie stammen, wie wenn es um einen Gottesdienst ginge, eine Liturgie zur Ehre Gottes.

Philanthropie, Philadelphia, Philoxenia

Das griechische Wort *Philanthropie* ist auch in unsere Sprache eingegangen. Auf die Frage, warum wir sensibel, barmherzig gegenüber anderen sein sollen, warum wir immer die *Philanthropie*, die Menschenfreundlichkeit haben sollen, antwortet Ambrosius: „Das ist ein Naturgesetz in der ganzen Menschheit, damit wir einander als Glieder des einen Leibes erkennen." In der einen Menschheit sind wir allesamt „Blutsverwandte", ja als

II. Die Liebe des Menschen

Menschheit sind wir gleichsam ein vielgliedriger Leib. Diese Vorstellung, die im griechisch-römischen Raum weit verbreitet war, hat eine neue Bedeutung durch das paulinische Bild bekommen, dass wir Glieder am „Leib Christi" sind.

Auch in der nichtreligiösen Welt, zum Beispiel bei den Denkern der Aufklärung, stellt die *Philanthropie* einen hohen Wert dar. Das Rote Kreuz entstand aus philanthropischen Wurzeln. Auch wenn das Symbol des roten Kreuzes sich im Judentum zum Davidsstern und in der muslimischen Welt zum Halbmond wandelt, so ist das zugrundeliegende Bedürfnis das gleiche; es erscheint als ein „natürliches" Bedürfnis der Menschheit, denen in Not beizustehen. Unabhängig von religiösen Einstellungen gibt es in gerechten Menschen eine Art Grundhaltung der Barmherzigkeit.

In der griechischen Sprache, die in diesem Wortfeld mehr Begriffe kennt als andere, findet sich das Wort *Philadelphia*, Bruderliebe. Zur universalen Liebe gehört die Liebe zum Nächsten, zur Schwester, zum Bruder in der eigenen Umgebung. Daran erinnert auch der erste Petrusbrief:

> „Der Wahrheit gehorsam, habt ihr euer Herz rein gemacht für eine aufrichtige Bruderliebe; darum hört nicht auf, einander von Herzen zu lieben. Ihr seid neu geboren worden, nicht aus vergänglichem, sondern aus

unvergänglichem Samen: aus Gottes Wort, das lebt und bleibt" (1 Petr 1,22f).

Petrus geht vom griechischen Begriff der *Philadelphia* aus und verweist dann auf die Neugeburt in der Taufe: Durch die Erlösung und das Wort Christi sind wir Geschwister.

Ein weiteres griechisches Wort, das in unseren Zusammenhang gehört, ist weniger bekannt, aber nicht weniger wichtig in unserer Zeit: *Philoxenia*, die Liebe, die Barmherzigkeit gegenüber dem Fremden. Im Neuen Testament ist oft davon die Rede. Mit diesen Stellen sollten wir uns eingehender beschäftigen, zumal in unserer Gesellschaft, die von großen Migrationsbewegungen und ethnischen Spannungen geprägt ist.

In der Heiligen Schrift steht sogar, dass die bürgerlichen Gesetze nicht nur für den jüdischen Bürger gelten sollen, sondern auch für die Gäste, die bei ihnen sind, und auch für die Fremden, die in ihren Zelten wohnen. Es werden auch einige Zeichen der *Philoxenia* beschrieben, die von Fremden gesetzt wurden. Beispielhaft ist das Verhalten der Dirne Rahab aus Jericho, die in ihrem Haus zwei israelitische Kundschafter vor ihren Verfolgern in Schutz nahm (vgl. Jos 2; 6,17ff). Sie wird im Neuen Testament dreimal erwähnt (Mt 1,5; Hebr 11,31; Jak 2,25).

II. Die Liebe des Menschen

Dieses Kapitel über die Barmherzigkeit möchte ich schließen mit einem Wort Jesu, das er beim Letzten Gericht zu allen sagen wird. Am Abend unseres Lebens werden wir über die Liebe befragt werden; daran wird unsere Zugehörigkeit zu Christus sichtbar. Liebe, die konkret wird, trägt den Namen „Barmherzigkeit" oder *Philoxenia*, Liebe zum Fremden:

„Ich war fremd, und ihr habt mich aufgenommen."
(Mt 25,35)

Im Hebräerbrief (13,2) heißt es:

„Vergesst die Gastfreundschaft nicht; denn durch sie haben einige, ohne es zu ahnen, Engel beherbergt."

Wenn man sich eines armen, unglücklichen Menschen annimmt, ihn tröstet, ihm beisteht, dann nimmt man nicht irgendwen auf, sondern Engel, Christus, das heißt den Messias.

Der gleiche Gedanke steht hinter der jüdischen Tradition, am Paschaabend die Haustür nicht zu verschließen. Sollte in jener Nacht der Messias kommen, so könnte man ihn beherbergen. Er sähe die geöffnete Tür, würde eintreten und am Paschamahl teilnehmen. Wenn der Messias aber in jenem Jahr wieder vorbeigehen würde, so die jüdische Tradition, dann gibt es immer einen Armen, einen Notleidenden. An einer verschlossenen Tür würde er nicht klopfen; doch wenn die Tür angelehnt bleibt, weiß er, dass er in diesem Haus als Gast willkommen ist. So kann man jedes Jahr den Messias aufnehmen. Darin liegt der tiefe Sinn der Barmherzigkeit.

5. DIE GERECHTIGKEIT

Die Gerechtigkeit wurde oft der Liebe gegenübergestellt. Als wir von der Gottesfurcht sprachen, haben wir daran erinnert, dass die Gerechtigkeit ein notwendiger erster Schritt auf dem Weg der Liebe ist. In seiner Enzyklika *Quadragesimo anno* (1931) nannte Papst Pius XI. die Gerechtigkeit ein Synonym der politischen und gesellschaftlichen Liebe. Dieser Gedanke wurde vom Zweiten Vatikanischen Konzil aufgegriffen. Die Liebe schließt die Gerechtigkeit nicht aus, sondern ein, ergänzt sie und geht über sie hinaus. Zum Glück gibt es in der Liebe auch die Gerechtigkeit: Wie wäre es sonst um die Achtsamkeit gegenüber den Opfern von Ungerechtigkeit bestellt?

Gerechtigkeit meint die Anerkennung der Rechte und der Würde des anderen, sie ist also ein Akt der Liebe und der gegenseitigen Achtung. Das Gemeinwohl ist die Norm der christlichen Soziallehre. Dazu gehört auch die gerechte Verteilung der Güter – eine unabdingbare und oft schwierige Form der Liebe: Sie verlangt, den Egoismus zu überwinden und unsere Maßstäbe herunterschrauben; allzu oft neigen wir dazu, Besitzstände wie Wachhunde zu verteidigen. Privateigentum, das nicht mehr im Kontext einer gerechten Güterverteilung steht, kann missbraucht werden, sodass die Schere zwischen Arm und Reich weiter auseinandergeht. Umso mehr sollten wir die Stimme der Propheten vernehmen. Sie kämpften mit großer Entschiedenheit gegen jede Ungerechtigkeit.

Im 5. Kapitel des Jesajabuchs findet sich eine ganze Liste von Wehrufen, von Verurteilungen der Ungerechtigkeit. Bevor man von Liebe spricht, soll man gerecht sein; denn das ist der erste Schritt auf dem Weg der Liebe:

„Weh euch,
die ihr Haus an Haus reiht
und Feld an Feld fügt,
bis kein Platz mehr da ist
und ihr allein im Land ansässig seid."
(Jes 5,8)

Einige Verse weiter schreibt der Prophet:

„Weh euch,
die ihr schon am Morgen
hinter dem Bier her seid
und sitzen bleibt bis spät in die Nacht,
wenn euch der Wein erhitzt.
Bei ihren Gelagen spielt man
Zither und Harfe, Pauken und Flöten;
aber was der Herr tut,
beachten sie nicht;
was seine Hände vollbringen,
sehen sie nicht."
(Jes 5,11f)

II. Die Liebe des Menschen

Und in Vers 20 heißt es:

„Weh denen, die das Böse gut
und das Gute böse nennen,
die die Finsternis zum Licht
und das Licht zur Finsternis machen,
die das Bittere süß und das Süße bitter machen."

Auf diese Gedanken greift das Neue Testament mit Nachdruck zurück. Im Jakobusbrief, der sich an eine arme Gemeinde richtet, in der es aber auch einige Reiche gab, verurteilt der Verfasser mit großer Entschiedenheit die Reichen, die ihre Stellung und ihren Besitz in anstößiger Weise ausnutzen (vgl. Kap 5). Jakobus verurteilt aber auch die Versuchung der Gemeinde, den Reichen besondere Vorrechte einzuräumen:

„Wenn in eure Versammlung ein Mann mit goldenen Ringen und prächtiger Kleidung kommt und zugleich ein Armer in schmutziger Kleidung, und ihr blickt auf den Mann in der prächtigen Kleidung und sagt: Setz dich hier auf den guten Platz!, und zu dem Armen sagt ihr: Du kannst dort stehen!, oder: Setz dich zu meinen Füßen! – macht ihr dann nicht untereinander Unterschiede und fällt Urteile aufgrund verwerflicher Überlegungen? ... Wenn ihr nach dem Ansehen der Person urteilt, begeht ihr eine Sünde und aus dem Gesetz selbst wird offenbar, dass ihr es übertreten habt" (Jak 2,2-9).

Um den christlichen Glauben zu bewahren, muss die Kirche beständig die Gerechtigkeit verkünden – zusammen mit dem Gebet, dem Gottesdienst und der Spiritualität.

An dieser Stelle möchte ich das Missverständnis ausräumen, Gott würde im Alten Testament nur als gerecht dargestellt. Das ist falsch; auch dem Alten Testament ist die Liebe Gottes vertraut. Wenn es dort eine gewisse Betonung der Gerechtigkeit Gottes gibt, so geht es immer um die Gerechtigkeit der Liebe. Als das Kerygma der Propheten, als innersten Kern ihrer Verkündigung könnten wir das Wort Gottes bezeichnen:

„Barmherzigkeit will ich, nicht Schlachtopfer."
(Hos 6,6; vgl. Jes 1,10-20; Am 5,21-24)

Nur die Barmherzigkeit, die zur Gerechtigkeit ruft, gibt dem Opfer seine Bedeutung. Ein Glaube ohne Barmherzigkeit, ohne gesellschaftliches Engagement ist eine leere Hülse. Gottesdienst und Leben gehören zusammen wie Gebet und Gerechtigkeit. Einzig diese Verknüpfung, dieser goldene Knoten lässt uns wahre Jünger Gottes sein.

6. Solidarität

Die Gerechtigkeit, über die wir gesprochen haben, ist Ausdruck einer Beziehung der Menschen zueinander, die nicht nur korrekt ist, sondern den anderen achtet in seiner Würde, mit seinen Rechten und Entwicklungschancen. Gerechtigkeit und Solidarität, der nächste Begriff, auf den wir eingehen, hängen zusammen.

Das Wort „Solidarität" kommt in der Bibel nicht vor, es gehört auch nicht zum traditionellen Wortschatz der Theologie; auch in den Texten des Zweiten Vatikanischen Konzils kommt es als Begriff nicht vor (wohl aber der Sache nach).

Papst Johannes Paul II. hat diese Dimension der Liebe sehr hoch geschätzt. Der Begriff Solidarität, der auf eine liebende Gemeinschaft unter Menschen verweist, ist jüngeren Datums, er stammt aus einem eher juristischen Umfeld. Im Römischen Recht bedeutete Solidarität eine besondere Form der Haftung: Wenn mehrere eine Leistung schulden, so ist jeder verpflichtet, die ganze Leistung (*in solidum*) zu erbringen; der Gläubiger aber darf sie nur einmal fordern. Dieser Grundsatz wurde in den Napoleonischen *Code Civil* von 1804 übernommen.

Über seine juridische Bedeutung hinaus wurde die Solidarität zur Bezeichnung für ein Miteinander von Individuen und Gruppen auf der Grundlage von Verständnis, Großzügigkeit, Zusammengehörigkeitsgefühl und gegenseitiger Unterstützung. In der traditionellen kirchlichen Sprachweise könnten wir sagen: Solidarität gehört zu den leiblichen Werken der Barmherzigkeit.

Der biblische Begriff, welcher diesem Grundsatz nahe kommt, findet sich in der bereits zitierten Stelle aus dem Buch Deuteronomium:

> „Wenn bei dir ein Armer lebt, irgendeiner deiner Brüder in irgendeinem deiner Stadtbereiche in dem Land, das der Herr, dein Gott, dir gibt, dann sollst du nicht hartherzig sein und sollst deinem Bruder deine Hand nicht verschließen" (Dtn 15,7).

In der ebenfalls schon erwähnten Kollekte für die Gemeinde von Jerusalem setzten die Christen einen Akt der Solidarität; Paulus hat diesen Einsatz in den Kapiteln 8 und 9 des zweiten Korintherbriefs mit ergreifenden Worten beschrieben.

Ein Herz und eine Seele

Die Gemeinschaft der Gläubigen war ein Herz und eine Seele (*kardía kaì psyché mía*)" (Apg 4,32). Die Gläubigen hatten ein gemeinsames Ideal, eine gemeinsame Lebensgrundlage, in der Sprache der Bibel: Sie waren „ein Herz und eine Seele". Mit den Worten Herz und Seele ist das Innere der Person ausgesagt, das Wesen der

Person in ihrer tiefen Integrität. Die christliche Gemeinde ist also wie eine einzige Person – ein Bild, das im Neuen Testament an den einen „mystischen" Leib Christi erinnert.

Die Christen in Jerusalem waren ein Zeichen, ein Vorbild der Solidarität. Die Apostelgeschichte nennt diese Säule, welche die Kirche (in diesem Fall jene von Jerusalem) trägt, *koinonía*, geschwisterliche Gemeinschaft:

„Alle, die gläubig geworden waren, bildeten eine Gemeinschaft und hatten alles gemeinsam. Sie verkauften Hab und Gut und gaben davon allen, jedem so viel, wie er nötig hatte. …
Es gab keinen unter ihnen, der Not litt. Denn alle, die Grundstücke oder Häuser besaßen, verkauften ihren Besitz, brachten den Erlös und legten ihn den Aposteln zu Füßen. Jedem wurde davon so viel zugeteilt, wie er nötig hatte" (Apg 2,44f; 4,34f).

Die Anfänge der Jerusalemer Gemeinschaft waren demnach von einem Austausch der Güter geprägt. Hintergrund dieser Form der Solidarität war ein sehr einfacher wirtschaftlicher und sozialer Kontext, in dem die menschlichen Beziehungen unmittelbar, spontan und wesentlich waren. Unser heutiger gesellschaftlicher Kontext sieht natürlich ganz anders aus, er ist weit differenzierter und komplexer.

Das Beispiel des uneingeschränkten Güteraustauschs in einer Gemeinde ist nicht direkt übertragbar auf eine politische Gesellschaft mit ihren vielfältigen Gemeinschaftsformen. Immer wieder einmal gab es entsprechende Versuche, und dies hatte zweifelsohne auch seine Bedeutung, aber es hat auch zu erschreckenden Fehlformen geführt; man denke nur an „real existierende" kommunistische oder sozialistische Gesellschaften. Schon in der Antike lebten die Pythagoreer in Gemeinschaften, in denen sie alles gemeinsam hatten, in denen es kein Privateigentum gab. Auch die Essener, eine Art Mönchsgemeinschaft, die 1947 durch die Funde von Qumran an der Westküste des Toten Meeres bekannt wurden, praktizierten diese Form solidarischen Lebensstils.

Das christliche Modell hat andere Motivationen, die über die universale Geschwisterlichkeit oder eine Utopie sozialen Lebens hinausgehen.

Ihre Solidarität gründet auf dem einen göttlichen Vater aller Menschen, dessen Kinder Geschwister sind.

Sie gründet ferner auf Christus, dem Erlöser, der für alle Menschen gekommen ist. Denn, wie Paulus sagt, alle sind Sünder und alle bedürfen der Gnade Gottes. Es gibt keine Bevorzugten und keine Benachteiligten; alle Menschen sind aus dieser Warte gesehen grundlegend gleich.

Für die Zusammengehörigkeit aller und die Bedeutung jedes Einzelnen steht auch das Bild vom „Leib Christi", an dem alle Glieder sind. Paulus betont, dass der Kopf nicht wichtiger ist als der Fuß, sich also nicht überheben darf, denn beide sind notwendig, damit der ganze Leib gesund ist (vgl. 1 Kor 12,15ff).

Schließlich sei noch auf den Zusammenhang von Solidarität und „Reich Gottes" verwiesen. Im Reich Gottes, das mit Christus angebrochen ist, herrscht eine geschwisterliche Gleichheit und Harmonie, die Paulus in Gal 3,28 so beschreibt:

„Es gibt nicht mehr Juden und Griechen,
nicht Sklaven und Freie,
nicht Mann und Frau;
denn ihr alle seid ‚einer' in Christus Jesus."

Individualität und Gemeinschaft

Um Solidarität von innen heraus zu wahren, sind die Pole Individualität und Gemeinschaft zu beachten. Jeder Einzelne hat seine Würde, die zu achten ist. In einem sozialen Kontext muss sich der Einzelne für das Ganze verantwortlich wissen; er muss die anderen ernst nehmen, ihre Vorstellungen und ihre Bedürfnisse. Eine solidarische Gemeinschaft ist kein graues Einerlei. Vielmehr ist sie ein buntes Mosaik, in dem jeder seine Farbe und seinen wichtigen Platz hat.

Solidarität wahrt die Persönlichkeit jedes Einzelnen, aber auch die Gemeinschaft, die tiefe Verbindung untereinander. Sie ist keine Ansammlung von Individuen, die nur gezwungenermaßen beieinander bleiben. Ein Zusammenleben kann auch zum Martyrium werden, oder zu einem äußerlichen Miteinander mit ständigen Streitereien. Man denke an viele Personen in Werken Kafkas: Sie leben zwar unter demselben Dach, aber in engen, eingeengten Räumen, verwundet, vom Leid geprägt; sie können sich oft nicht ertragen, möchten ausbrechen, sind aber wie Gefangene.

Menschen brauchen die Gemeinschaft, sie brauchen gegenseitige Achtung und Hilfe, aber dies darf nicht zur Bevormundung oder zu einem falschen, übertriebenen Umsorgt-Werden führen, das die Freiheit und Selbständigkeit des Einzelnen mehr als nötig einschränkt.

Achtung voreinander

In der Geschichte der Christen gibt es viele Beispiele gelebter Solidarität; wenigstens einige seien genannt: Martin von Tours, Franz von Assisi, Hieronymus Ämiliani, Johannes von Gott, Camillus von Lellis, Vinzenz von Paul, Benedetto Cottolengo, Don Bosco, Friedrich Ozanam, Don Guanella, Don Orione, Mutter Teresa von Kalkutta ... Wie ein goldener Faden zieht sich die solidarische Nächstenliebe durch die Geschichte; sie gründet immer auf der selbstlosen, uneigennützigen Achtung vor dem anderen, wer dieser auch sei. „Wo das geschieht",

II. Die Liebe des Menschen

schreibt Paulus in Kol 3,11, „da gibt es nicht mehr Griechen oder Juden, Fremde oder Skythen ..."

Liebevolle Achtung vor dem anderen, so könnte man die Solidarität umschreiben. Wo sie lebendig ist, wird die Kirche zu einem „Reich" ohne die Barrieren einer kapitalistischen Gesellschaft. Die Gesetze des Marktes sind dann nicht mehr die bestimmende Kraft, der sich alle zu beugen haben.

In den komplexen Gesellschaften unserer Zeit gibt es selbstverständlich Vernetzungen und Abhängigkeiten, aber das gesellschaftliche Gewebe darf für den Einzelnen nicht zu einem allzu engen Korsett werden. Die menschliche Gemeinschaft muss sich immer wieder von allen Formen der Bevormundung freimachen; denn dies ist keine Solidarität, welche der Gerechtigkeit und vielen anderen Werten Rechnung trägt.

Ambrosius hat sein Werk *De Nabuthe* der biblischen Gestalt des Nabot (vgl. 1 Kön 21) gewidmet, der ein Opfer von Machtmissbrauch und Missachtung der Armen und Schwachen wurde. Der Bauer Nabot sollte auf Geheiß des Königs Ahab seinen Weinberg verkaufen, der in der Nähe des königlichen Palastes lag. Als sich Nabot weigerte, das Erbe seiner Väter herzugeben, wurde er aufgrund falscher Zeugenaussagen ermordet. Der einzige, der furchtlos dem Machthaber und seinen Komplizen entgegentrat und ihr Tun mit überaus scharfen Worten brandmarkte, war der Prophet Elija. Vor dem Hintergrund dieses Vorfalls stellt Ambrosius folgende grundsätzlichen Überlegungen an:

„Wenn du einem Armen hilfst,
dann gibst du ihm nicht etwas von dem Deinen,
sondern du gibst ihm das Seine.
Denn was wir bekommen haben,
ist uns allen gegeben;
du kannst es nutzen.
Die Erde gehört allen,
nicht nur einigen wenigen.
Wenn du einem Armen hilfst,
gibst du ihm, was ihm gehört;
es ist nicht so, dass du etwas verteilen würdest,
was ihm nicht gehörte."

Das sind klare, harte Worte; sie widersprechen der Auffassung, Privateigentum habe seinen Wert in sich. Das Privateigentum ist nur eines der Mittel zu einem Ziel: Es geht um die universale Bestimmung der Güter, darum, dass alle Geschöpfe – und nicht nur einige Bevorzugte – daran Anteil haben, so wie es der Schöpfer wollte: Alle Menschen liegen ihm am Herzen.

Die schon erwähnten Worte Jesu gehen genau in diese Richtung:

„... damit ihr Söhne eures Vaters im Himmel werdet; denn er lässt seine Sonne aufgehen über Bösen und

Guten, und er lässt regnen über Gerechte und Ungerechte" (Mt 5,45).

Gott trifft seine Entscheidung nicht nach der moralischen Verfassung des Menschen, er achtet seine Geschöpfe und ihre Verantwortung so sehr, dass er sie in jedem Fall mit seiner Liebe umgibt.

III.

Die Liebe zu Gott und zum Nächsten

III. Die Liebe zu Gott und zum Nächsten

Man könnte und müsste noch vieles über die Gottes- und Nächstenliebe sagen. Aber selbst dann wäre es nie genug. In der christlichen Überlieferung wurde die Liebe immer als Höhepunkt der religiösen Erfahrung, ja des Glaubens angesehen. Denken wir nur an den wunderschönen Text, an die Hymne auf die christliche Liebe zu Gott und auch zum Nächsten, die wir in 1 Kor 13 finden:

„Wenn ich in den Sprachen der Menschen und Engel redete, hätte aber die Liebe nicht, wäre ich dröhnendes Erz oder lärmende Pauke …"

Paulus zählt einige Tugenden auf, welche die Liebe begleiten: Langmut, Güte, Demut, Absichtslosigkeit, Großzügigkeit, Achtung, Wohlwollen, Verzeihen, Wahrheit, Beständigkeit u. a.

Betrachtet man diese Tugenden genauer, stellt man schnell fest, dass sie ohne Liebe nicht existieren, nicht authentisch sein können. Es ist nützlich, diesen Text immer wieder zu lesen; er könnte zu unserem täglichen Gebet werden und auch zu unserer Gewissenserforschung: Wann hat uns diese Liebe gefehlt?

Ein Echo auf den Hymnus des Paulus, wenn auch in anderen Worten, findet sich im Brief an die Korinther des heiligen Clemens von Rom (49,5), der wenige Jahrzehnte später geschrieben wurde:

„Liebe verbindet uns mit Gott,
Liebe deckt eine Menge Sünden zu;
Liebe erträgt alles,
sie duldet alles.
Nichts Engherziges ist in der Liebe,
nichts Überhebliches.
Liebe kennt keine Spaltung,
Liebe lehnt sich nicht auf,
Liebe tut alles in Eintracht.
In der Liebe gelangen alle Auserwählten Gottes
zur Vollendung.
Ohne Liebe ist nichts Gott wohlgefällig."

Zu Beginn des 2. Jahrhunderts schrieb Irenäus von Lyon (auch er auf der Spur des Apostels Paulus):

„Ohne die Liebe zu Gott bringt weder die Gotteserkenntnis einen Gewinn noch das Verständnis der Heilsgeheimnisse, weder der Glaube noch die Prophetie. Ohne die Liebe ist alles hohl und unnütz. Die Liebe führt den Menschen zur Vollendung in dieser und in der kommenden Welt; denn wir werden nie aufhören, Gott zu lieben. Und je mehr wir Gott betrachten und erkennen, umso mehr werden wir ihn lieben; denn, so sagt Paulus, die Tugend, die bleibt, ist die Tugend unaufhörlicher Liebe. Wenn wir bei Gott sein werden, werden Glaube und Hoffnung vergehen, nicht aber die Liebe."

In lästerlich provozierender Weise, aber auch erschreckend treffend hat George Orwell den paulinischen Hymnus nachempfunden. Er schrieb 1936 in seinem Buch *Keep the Aspidistra Flying* („Die Wonnen der Aspidistra"):

„Wenn ich in den Sprachen der Menschen und Engel redete, hätte aber kein Geld, wäre ich dröhnendes Erz oder eine lärmende Pauke ..."

Was George Orwell in Worte fasste, geschieht in der Praxis leider allzu oft.

Eine vollendete Liebe

Nachdem wir über die vielfältigen Ausdrucksformen der Liebe und ihre theologische Bedeutung gesprochen haben, möchte ich nochmals eine Stelle aus dem Matthäusevangelium aufgreifen, die wir schon mehrfach erwähnt haben. In einem Gespräch, das Jesus mit einem Schriftgelehrten führte, ging es um die Frage, welches Gebot das größte, das wichtigste im Gesetz sei (vgl. Mt 22,34-40 parr). In dieser Stelle wird deutlich, was 1 Joh 4,12 „vollendete Liebe" (griechisch *teteleioméne*) nennt, also eine Liebe, die ihre Vollkommenheit, ihr Höchstmaß erreicht.

„Als die Pharisäer hörten, dass Jesus die Sadduzäer zum Schweigen gebracht hatte, kamen sie (bei ihm) zusammen. Einer von ihnen, ein Gesetzeslehrer, wollte ihn auf die Probe stellen und fragte ihn: Meister, welches Gebot im Gesetz ist das wichtigste? Er antwortete ihm: *Du sollst den Herrn, deinen Gott, lieben mit ganzem Herzen, mit ganzer Seele und mit all deinen Gedanken.* Das ist das wichtigste und erste Gebot. Ebenso wichtig ist das zweite: *Du sollst deinen Nächsten lieben wie dich selbst.* An diesen beiden Geboten hängt das ganze Gesetz samt den Propheten."

III. Die Liebe zu Gott und zum Nächsten

Du sollst den Herrn, deinen Gott, lieben!

Christus ist nicht gekommen, wie manchmal behauptet wird, um eine Ethik oder Moral zu bringen. Der Sohn Gottes ist gekommen, um eine religiöse Sicht der Welt zu bringen. Dazu gehört auch die ethische und soziale Dimension, doch diese ist nicht sein Ausgangspunkt. Christus richtet den Blick zuerst „nach oben". Es ist nicht möglich, Jesu Botschaft auf ein soziales, menschenfreundliches Programm zu reduzieren, auch wenn diese Dimension zum Evangelium dazugehört. Jesu erstes Anliegen war nicht die Gründung einer sozialen Einrichtung.

Auch die heutige Caritas muss sich von einem Wohltätigkeitsverein unterscheiden, denn sie hat transzendente Beweggründe, Wurzeln und Quellen. Auch die Nächstenliebe hat die universale Vaterschaft Gottes zur Grundlage (aus der sich die Geschwisterlichkeit aller Menschen herleitet), die Zugehörigkeit der Christen zum mystischen Leib Christi, das Erlösungswirken des Sohnes Gottes.

Diese eigentlich theologischen Themen, über die wir im Kapitel über die Solidarität gesprochen haben, zeigen, dass Christus uns ein Leben schenkt, das ganz anders ist als das Leben unserer Gesellschaft. Der große Horizont ist das Reich Gottes, wie es die Evangelien verkünden. Jesus hat der Menschheit die Liebe, die Gerechtigkeit, die Wahrheit des Vaters gebracht. Die Menschen können dieses Angebot annehmen oder ablehnen; sie können sich entscheiden, aufzubauen oder niederzureißen, zu heilen oder zu verwunden. Das unterscheidend Christliche an der Liebe ist also der Glaube an Gott.

III. Die Liebe zu Gott und zum Nächsten

DAS WICHTIGSTE GEBOT

Die Frage nach dem wichtigsten Gebot im Gesetz gehörte damals zu den großen theologischen Streitfragen. Einige Rabbiner antworteten „quantitativ"; sie zählten eine Reihe von Werten auf, die richtig gewichtet und praktiziert werden müssen, um zum göttlichen Bund gehören zu können. Auf der Grundlage des Gesetzes hatten sie eine Liste von 613 Vorschriften erarbeitet. Daher war es wirklich ein Problem zu verstehen, welches das erste und welches das letzte Gebot sei, welches das größte und welches des kleinste. Einige Rabbiner, die auf den Kult und die rituellen Vorschriften großen Wert legten, sagten unbefangen, das erste Gebot bestehe darin, in korrekter Weise die Quasten des Gebetsmantels zu tragen.

Auf die Frage des Gesetzeslehrers nach dem ersten Gebot scheint Christus zunächst klar zu antworten: erstens die Gottesliebe, dann die Nächstenliebe. Doch seine Aussage, das erste Gebot sei so wichtig wie das zweite, zeigt, dass es ihm nicht darum geht, wie viele Gebote es gibt, noch in welcher Rangordnung diese stehen. Sein Anliegen ist, wenn man so sagen will, „qualitativ": Ihm ist die innere Grundlage der Gebote, die Liebe, wichtig.

Die Liebe muss die Seele jeder religiösen Praxis sein. Jesus geht es um die fundamentale, radikale Hingabe der Liebe. Diese erschöpft sich nicht in einzelnen Taten, sondern ist das innere Wesen allen Tuns, das, was der gesamten Moral zugrunde liegt.

Von daher bekommt Jesu Schlusswort seine tiefe Bedeutung:

> „An diesen beiden Geboten hängt (griechisch *krématai*) das ganze Gesetz samt den Propheten."

Es geht nicht um zwei Gebote unter vielen anderen, sondern um die, die alles zusammenhalten. Ohne sie bleibt vom Gesetz nur eine Sequenz von Normen ohne tieferen Sinn. Dazu ein Beispiel aus dem Alltag: Wenn ein Elternteil keine Liebe zu seiner Familie hat, kann es zwar viele Dinge tun, aber sie werden schwerfällig, oft auch belastend. Nur mit dem Sauerteig, mit dem Feuer der Liebe können die einzelnen Handlungen Frucht bringen.

Eine Stelle aus dem Römerbrief erscheint wie ein Kommentar zur Antwort Jesu. Paulus schreibt:

> „Wer den andern liebt, hat das Gesetz erfüllt. ...
> Die Liebe ist die Erfüllung des Gesetzes."
> (Röm 13,8.10)

Schon im Galaterbrief hatte er geschrieben:

> „Das ganze Gesetz ist in dem einen Wort
> zusammengefasst:
> Du sollst deinen Nächsten lieben
> wie dich selbst!"
> (Gal 5,14)

III. Die Liebe zu Gott und zum Nächsten

Theologisch formuliert heißt das: Die Liebe, von der Jesus spricht, ist keine Norm, sondern eine Grundoption, die Grundentscheidung, welche die ganze Existenz prägt. Diese Grundausrichtung wird das Leben erleuchten und wie ein Fundament tragen. Für alle Christen, gleich wo sie leben, gilt das Wort aus Dtn 6,5:

„Du sollst den Herrn, deinen Gott, lieben mit ganzem Herzen, mit ganzer Seele und mit ganzer Kraft."

In Mt 22,37 wird das Wort in der Antwort Jesu leicht verändert wiedergegeben: Statt „mit ganzer Kraft" heißt es „mit all deinen Gedanken" (eine eher griechische Formulierung). Gerade diese Spezifizierung zeigt, dass die Liebe ganzheitlich sein muss, sie betrifft das ganze Ich des Menschen. Auf diesen Aspekt sollte unsere Verkündigung größeren Wert legen. Bevor wir über die Sünden, über die Standespflichten eines Schülers, eines Kindes, einer Mutter oder eines Vaters, eines Arbeiters, eines Priesters oder Ordenschristen sprechen, sollte man die grundlegende Haltung betonen. Man sollte nicht einem Gelehrten gleichen, der zwar viel weiß, es aber nicht versteht, sein Wissen mit Begeisterung und innerer Überzeugung zu vermitteln. Man sollte auch nicht wie ein frommer Mensch sein, der zwar sehr eifrig ist, dem aber das Geistliche, das Transzendente fehlt. Es braucht Menschen der Liebe. Darum betont Christus so sehr die Liebe als Grundhaltung des Lebens.

Was sich wahrer Liebe hartnäckig widersetzt, ist neben dem Hass der Reichtum. Dazu sagt Jesus:

> „Niemand kann zwei Herren dienen, er wird entweder den einen hassen und den anderen lieben oder er wird zu dem einen halten und den anderen verachten. Ihr könnt nicht beiden dienen, Gott und dem Mammon" (Mt 6,24).

Jesus verlangt die Loslösung von Dingen und Menschen; denn nur so wird die verwandelnde Kraft frei, welche die Liebe in sich trägt.
Wenn jemand etwas nur aus Pflichterfüllung tut, ist er nicht frei, sondern belastet; wer aber aus Liebe handelt, gibt auch der kleinsten Tat Bedeutung, Farbe, Wärme und Schönheit.
Jesus gibt nicht nur allem, was wir tun, sein Licht, sodass es Gott gefällig ist, sondern er bereichert damit zugleich uns selbst. Die Liebe hat in sich sogar die Kraft, Sünden wegzunehmen, so wie die Sonne den Schnee schmelzen lässt. Denken wir nur an die reuige Sünderin im Lukasevangelium; von ihr sagt Jesus:

> „Ihr sind ihre vielen Sünden vergeben, weil sie (mir) so viel Liebe gezeigt hat" (7,47).

Mit ihrem Feuer verbrannte sie alle Schlacken ihres Lebens.

III. Die Liebe zu Gott und zum Nächsten

Eine wenig bekannte Definition der Christen findet sich in Eph 6,24. Zum Schluss seines Briefes sagt der Apostel von den Christen, sie seien die, welche Jesus Christus, unseren Herrn, lieben „mit unvergänglicher Liebe". Wahrscheinlich hatten die Christen der ersten Jahrhunderte die Kraft, Sauerteig in der Welt zu sein, weil sie wirklich „Verliebte" waren. Von ihnen wurde gesagt:

„Seht, wie sie einander lieben!"

Liegt hier vielleicht der Schlüssel zur Glaubwürdigkeit der christlichen Verkündigung?

Liebe deinen Nächsten wie dich selbst!

Nachdem wir erläutert haben, dass alles Tun von der Liebe geprägt sein muss, kommen wir zu dem anderen Gebot, das dem ersten ähnlich ist:

„Liebe (nun ändert sich das Objekt:) deinen Nächsten wie dich selbst!"

Durch die Verknüpfung der beiden Gebote wird deutlich, dass Jesus nicht nur die Solidarität unter den Menschen predigte, sondern auch die Religion, den Glauben der Liebe verkündete. Im ersten Johannesbrief finden sich dazu wichtige, weitreichende Aussagen:

„Wenn Gott uns so geliebt hat,
müssen auch wir einander lieben. ...
Wir wollen lieben,
weil er uns zuerst geliebt hat" (1 Joh 4,11.19).

Johannes ist überzeugt, dass es eine Quelle der Liebe gibt, die uns vorausgeht: Weil wir von Gottes Liebe umgeben sind, weil er uns als Erster geliebt hat, dürfen wir lieben.

Weiter heißt es im ersten Johannesbrief:

„Wenn jemand sagt: Ich liebe Gott!, aber seinen Bruder hasst, ist er ein Lügner" (1 Joh 4,20).

III. Die Liebe zu Gott und zum Nächsten

In der Sprache des ersten Johannesbriefs meint „Lügner" nicht einen, der Unwahres sagt, sondern einen, der sich nicht zum Evangelium bekennt, der zwar sagt: „Ich liebe Gott!", aber nicht wirklich zum Glauben und zur Liebe gefunden hat. Er meint, man sei Christ, doch die Lebenswirklichkeit sieht anders aus. Johannes schreibt dazu in aller Deutlichkeit:

> „Wer seinen Bruder nicht liebt, den er sieht, kann Gott nicht lieben, den er nicht sieht. Und dieses Gebot haben wir von ihm [Christus]: Wer Gott liebt, soll auch seinen Bruder lieben" (1 Joh 4,20f).

Christliche Liebe hat ihre Wurzel in Gott und vermittelt Gottes Liebe an die anderen.

„Liebe deinen Nächsten!", dieses Gebot findet sich schon in Lev 16,18. Doch dort hatte der „Nächste" eine bestimmte Bedeutung. Zugrunde liegt die Vorstellung, dass die Menschen – wie in konzentrischen Kreisen – mir mehr oder weniger nah sind: In der Mitte steht mein Ich, um mich herum sind meine jüdischen Geschwister, meine Großfamilie, dann alle Juden in Israel, schließlich das jüdische Volk auf der ganzen Erde, in der Diaspora. Außerhalb dieser Kreise stehen die Heiden, die *gojîm*, die, wie einige Propheten sagen, achtsam behandelt werden sollen; sie gehören aber nicht zu den „Nächsten".

Doch schon im Alten Testament weitet sich der Blick. In Lev 19,34 heißt es:

„Der Fremde, der sich bei euch aufhält, soll euch wie ein Einheimischer gelten und du sollst ihn lieben wie dich selbst."

Wie sehr das Christentum diese Grenzen sprengt, zeigt sich deutlich in der Bergpredigt, in den sogenannten Antithesen (Mt 5,38-48):

„Ihr habt gehört, dass gesagt worden ist ...
Ich aber sage euch ..."

In der Bergpredigt wird der Begriff des Nächsten nicht nur allgemein auf alle Menschen ausgeweitet, sondern sogar auf den Feind, auf den Gegner. Jesus geht es um eine unbegrenzte Liebe. Er lehrt, man soll nicht nur siebenmal verzeihen, sondern siebenundsiebzigmal (vgl. Mt 18,22). Christliche Liebe misst nicht, rechnet nicht, grenzt nicht aus.

Dies wird eindrucksvoll sichtbar im Gleichnis vom barmherzigen Samariter, das Lukas (10,25-37) in einen besonderen Kontext stellt: in ein Gespräch Jesu mit einem Gesetzeslehrer. Darin geht es um die Frage, was notwendig ist, um das ewige Leben zu erlangen. Jesus antwortet mit dem Doppelgebot der Gottes- und Nächstenliebe. Darauf spitzt der Gesetzeslehrer seine – typisch

III. Die Liebe zu Gott und zum Nächsten

jüdische – Frage zu: Und wer ist das, der Nächste? Als Antwort erzählt Jesus das provozierende Gleichnis: Das beste Beispiel dafür, wie sich jemand gegenüber seinem Nächsten verhalten soll, gibt ein Samariter, also ausgerechnet einer, der von Juden verachtet ist. Gerade von ihm kann man lernen, wie man anderen zum Nächsten werden soll.

Nachdem er das Gleichnis erzählt hat, gibt Jesus die Frage in anderer Form an den Gesetzeslehrer zurück: Nun, wer war dem Unglücklichen, der unter die Räuber gefallen war, der Nächste? Jesus hat die sachliche Frage des Gesetzeslehrers „Wer ist der Nächste?" abgewandelt. Er will nicht darüber diskutieren, wer von den Fremden uns ein Nächster ist, ihm ist eine andere Frage wichtiger: Wer von uns wird einem Notleidenden wirklich zum Nächsten, zu einem, der ihm konkret beisteht? Es geht Jesus nicht um ein abstraktes Verständnis des Begriffs „der Nächste", sondern er will die Augen öffnen für den Menschen neben uns, dem wir helfen und beistehen können.

Zum Gebot der Nächstenliebe gehört ein Vergleichsmaßstab: „... wie dich selbst", so wie du dich selbst von innen heraus, gewissermaßen einem instinktiven Reflex folgend, liebst; so selbstverständlich, wie du dich abwendest und fliehst, wenn du angegriffen wirst. Es gab und gibt Menschen, die ebenso spontan dem Nächsten ihre Liebe zeigen, ihn verteidigen, ihn unterstützen. Dies sollte das Maß unserer Liebe sein: „... wie dich selbst".

In seinen Abschiedsreden verändert Jesus das „Wie dich selbst" noch einmal, er spitzt es zu:

„Liebt einander, wie ich euch geliebt habe!" (Joh 15,12).

Dieses Wort, das er *sein* Gebot nennt, enthält ein neues „Wie": *„wie ich euch geliebt habe"*. Das ist der äußerste, der höchste Punkt der Liebe, die Liebe Gottes (vgl. Joh 15,9: „Wie mich der Vater geliebt hat, so habe auch ich euch geliebt"). Auch in diesem Wort sind Theologie und Anthropologie der Liebe miteinander verwoben: die göttliche Seite (Jesu Liebe, die Liebe Gottes) und die menschliche Seite (Liebt einander!).

Damit keine Zweifel aufkommen, wie konkret er das meint, stellt Jesus klar, dass es um eine Liebe geht, die über den Selbsterhaltungstrieb hinausgeht, die das eigene Leben gibt, die sich ganz den anderen hingibt:

„Es gibt keine größere Liebe, als wenn einer sein Leben für seine Freunde hingibt" (Joh 15,13).

Im ersten Johannesbrief findet sich vielleicht die grundlegende, entscheidende Definition des Christen. Christ ist, so heißt es dort, „wer in der *Agape* bleibt". Wer im Horizont der Liebe dauerhaft Wohnung gefunden hat, der „bleibt in Gott" (1 Joh 4,16). Wenn derjenige, der in der Liebe bleibt, in Gott bleibt, dann ist damit ein weiteres Mal Gott als die Liebe definiert.

SCHLUSSGEDANKEN

Wir haben gesehen, dass die christliche Liebe in Gott gründet und sich ohne Einschränkungen auf alle Menschen ausrichtet. Das anzustrebende Ziel ist die Ganzhingabe. In der Bergpredigt findet sich eine Formel, die als „Goldene Regel" bezeichnet wird:

„Alles, was ihr von anderen erwartet,
das tut auch ihnen!
Darin besteht das Gesetz und die Propheten."
(Mt 7,12)

Auch im Alten Testament, im Buch Tobit (4,15), findet sich diese Regel, allerdings in einer „negativen" Fassung:

„Was dir selbst verhasst ist,
das mute auch einem anderen nicht zu!"

Ähnlich heißt es im Talmud:

„Tu dem Nächsten nicht, was dir verhasst ist. Darin besteht das ganze Gesetz, alles andere ist nur eine Erklärung dafür."

Wie bereits erwähnt, definierte Thomas von Aquin die Liebe als *forma virtutum*, als Seele, Wesen, Struktur, Quelle und Ziel aller Tugenden. Sie sollte beständig das Christsein beseelen und beleben. Zusammengefasst könnten wir sagen: Die Liebe ist die Quelle des Glaubens, und der liebende Glaube ist die Quelle der Moral, der christlichen Lebensführung.

Wir kennen das Thema des „Schlussexamens" unseres Lebens. Jesus hat es sehr nüchtern formuliert im Gleichnis über das „Weltgericht" (Mt 25,31-46). Wenn sich der große, göttliche König auf den Richterstuhl setzen wird, wird es um eine einzige Frage gehen, um die Liebe:

„Ich war hungrig und ihr habt mir zu essen gegeben; ich war durstig und ihr habt mir zu trinken gegeben; ich war fremd und obdachlos und ihr habt mich aufgenommen ...
Dann werden ihm die Gerechten antworten: Herr, wann haben wir dich hungrig gesehen und dir zu essen gegeben, oder durstig und dir zu trinken gegeben? ...
Darauf wird der König ihnen antworten:
Amen, ich sage euch: Was ihr für einen meiner geringsten Brüder getan habt, das habt ihr mir getan."

Auf diesem Hintergrund verstehen wir das berühmte Wort des heiligen Augustinus:

„Liebe und tu, was du willst."

Er will damit nicht sagen, alles sei erlaubt, sondern, wenn du die Liebe im Herzen hast, hast du das Licht, um rich-

III. Die Liebe zu Gott und zum Nächsten

tig, vollkommen zu leben. Der Bischof von Hippo fährt fort:

„Ist in dir die Wurzel der Liebe,
kann nur Gutes in dir wachsen."

Die Liebe bleibt für immer der Polarstern unseres Glaubens und Lebens.

* * *

Schließen möchte ich unsere Überlegungen, indem ich drei sehr verschiedene Lebenszeugnisse miteinander in Verbindung bringe. Das erste Wort findet sich im Alten Testament:

„Selig, die in der Liebe entschlafen sind" (Sir 48,11).

Das könnte die Grabinschrift eines jeden Gläubigen sein: Entschlafen in der Liebe, in dem Tuch, in welches dein ganzes Leben gehüllt war.

Das zweite Zeugnis stammt von einem Autor, den wir mehrmals zitiert haben, vom heiligen Ambrosius. In seinem Werk *De officiis* schreibt der Mailänder Bischof ein Wort, das wie ein freudiger Ausruf klingt. Es ist Ausdruck seiner Lebenserfahrung, die ungewöhnlich für jemand wie Ambrosius scheint, der doch eine große Führungspersönlichkeit war, der sich auch mit Fragen der Gerechtigkeit und des politischen Geschäfts zu beschäftigen hatte. Seine lateinisch formulierte Erkenntnis lautet:

Nihil caritate dulcius. –
„Es gibt nichts Süßeres als die Liebe."

Schließlich das Wort eines Menschen, der kein sogenannter Gläubiger war, der sich aber zeitlebens mit dem Christentum beschäftigt hat und zu den sensibelsten Interpreten der Nöte unserer Zeit gehört: Albert Camus (1913–1960). Er kannte die Ungenügsamkeit des Menschen, seine Verzweiflung, seine Einsamkeit. In seinem Werk *L'été* (Der Sommer, 1954) hat er uns ein Wort hinterlassen, das wir als ein christliches Wort verstehen könnten, ein Wort aus dem Geist jener grundlegenden Komponente der religiös-menschlichen Liebe, die ich in unserem Durchgang besonders unterstreichen wollte:

„Wenn man einmal das Glück hatte,
intensiv zu lieben,
verbringt man das Leben damit,
dieses Glühen und dieses Leuchten
immer wieder von neuem zu suchen,
damit man es besitze für immer."

Gianfranco Ravasi im Verlag Neue Stadt

Das Evangelium nach Matthäus
  152 S., geb., ISBN 978-3-87996-280-8
Das Evangelium nach Lukas
  156 S., geb., ISBN 978-3-87996-314-0
Das Evangelium nach Johannes
  168 S., geb., ISBN 978-3-87996-330-0

**Du hörst doch mein Rufen?
Mit Psalmen beten**

*Ausgewählte Psalmen,
zum Mitbeten und tieferen Verstehen fachkundig erschlossen.
128 Seiten, gebunden,
ISBN 978-3-87996-502-1*

Gianfranco Ravasi im Verlag Neue Stadt

HIOB
Der Mensch im Leid

Das biblische Buch Hiob stellt sich einer Grundfrage des menschlichen Lebens: der Frage nach dem Leid, der Frage, ob und wie wir im Angesicht des Leids zu Gott und von Gott sprechen können. Auf schnellen, billigen Trost wird verzichtet. Hiob lotet Abgründe aus.
Gianfranco Ravasi nimmt den Leser mit – hinein in ein Buch, das einen verändert.

128 Seiten, gebunden, ISBN 978-3-87996-647-3

Carlo M. Martini im Verlag Neue Stadt

Selig seid ihr!

Die Seligpreisungen der Bergpredigt als Lebensorientierung

*128 Seiten, gebunden,
ISBN 978-3-87996-550-2*

Auch die Seele kennt Tag und Nacht

Reflexionen für Zeiten innerer Prüfung

*80 Seiten, kartoniert,
ISBN 978-3-87996-636-3*

So sehr hat Gott die Welt geliebt

Leitmotive des Johannesevangeliums

*176 Seiten, gebunden,
ISBN 978-3-87996-622-6*

Mehr unter www.neuestadt.com